T0385166

SHORT ST⊙RIES in SPANISH

for Intermediate Learners

Read for pleasure at your level
and learn Spanish the fun way!

OLLY RICHARDS

Series Editor
Rebecca Moeller

Development Editor
María Teresa Blanco-Hermida

First published in Great Britain in 2019 by John Murray Learning, an imprint of Hodder & Stoughton.
An Hachette UK company.

Paperback ISBN: 978 1 529 36181 0
eBook ISBN: 978 1 529 36182 7
16

Cover image © Paul Thurlby
Illustrations by D'Avila Illustration Agency / Stephen Johnson
Typeset by Integra Software Services Pvt. Ltd., Pondicherry, India
Printed and bound in Great Britain by CPI Group (UK) Ltd., Croydon, CR0 4YY.

Carmelite House
50 Victoria Embankment
London EC4Y 0DZ
www.johnmurraypress.co.uk

Contents

Don't forget the audio!

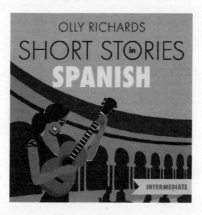

Listening to the story read aloud is a great way to improve your pronunciation and overall comprehension. So, don't forget – download it today!

The audio that accompanies this course is available to purchase from readers.teachyourself.com and to download to the accompanying app.

Use **audio50** at readers.teachyourself.com/redeem for 50% off any purchase.

About the Author

 Olly Richards, author of the Teach Yourself Foreign Language Graded *Readers* series, speaks eight languages and is the man behind the popular story-based language learning blog *StoryLearning.com* and YouTube channel of the same name.

Olly started learning his first foreign language at age 19, when he bought a one-way ticket to Paris. With no exposure to languages growing up, and no special talent to speak of, Olly had to figure out how to learn a foreign language from scratch.

Fifteen years later, Olly holds a master's degree in TESOL from Aston University as well as Cambridge CELTA and DELTA, and is regarded as an expert in language learning techniques. He collaborates with organizations such as the Open University and the European Commission, appears regularly across media worldwide, and runs one of the fastest-growing YouTube channels on language learning.

Olly started the *StoryLearning* blog in 2013 to document his latest language learning experiments. His focus on learning languages through story has transformed the blog into one of the most popular language learning resources on the web. Olly has always advocated that reading is one of the best ways to improve your language skills and he has now applied his expertise to create the *Teach Yourself Foreign Language Graded Readers* series. He hopes that *Short Stories in Spanish for Intermediate Learners* will help you in your language studies!

For more information about Olly and his blog, go to storylearning.com

For more information about other readers in this series, go to readers.teachyourself.com.

Introduction

Reading in a foreign language is one of the most effective ways for you to improve language skills and expand vocabulary. However, it can sometimes be difficult to find engaging reading materials at an appropriate level that provide a feeling of achievement and a sense of progress. Most books and articles written for native speakers can be too long and difficult to understand or may have very high-level vocabulary so that you feel overwhelmed and give up. If these problems sound familiar, then this book is for you!

Short Stories in Spanish for Intermediate Learners is a collection of eight unconventional and entertaining short stories that are designed to help intermediate-level Spanish learners* improve their language skills. These short stories use Peninsular Spanish** and have been designed to create a supportive reading environment by including:

➤ **Rich linguistic content in different genres** to keep you entertained and expose you to a variety of word forms.

---

* Common European Framework of Reference (CEFR) level B1–B2.
** Peninsular Spanish is the type of Spanish spoken in the Iberian Peninsula.

➤ **Interesting illustrations** to introduce the story content and help you understand what happens.

➤ **Shorter stories broken into chapters** to give you the satisfaction of finishing the stories and progressing quickly.

➤ **Texts written at your level** so they are more easily comprehended and not overwhelming.

➤ **Special learning aids** to help support your understanding including:

    ✦ *Summaries* to give you regular overviews of plot progression.

    ✦ *Vocabulary lists* to help you understand unfamiliar words more easily. These words are bolded in the story and translated after each chapter. In addition, the vocabulary builds from Story 1 to Story 8 to help you expand your vocabulary as you go through the book!

    ✦ *Comprehension questions* to test your understanding of key events and to encourage you to read in more detail.

So whether you want to expand your vocabulary, improve your comprehension, or simply read for fun, this book is the biggest step forward you will take in your studies this year. *Short Stories in Spanish for Intermediate Learners* will give you all the support you need, so sit back, relax, and let your imagination run wild as you are transported to a magical world of adventure, mystery and intrigue – in Spanish!

How to Read Effectively

Reading is a complex skill. In our first languages, we employ a variety of micro-skills to help us read. For example, we might skim a particular passage in order to understand the general idea, or gist. Or we might scan through multiple pages of a train timetable looking for a particular time or place. While these micro-skills are second nature when reading in our first languages, when it comes to reading in a foreign language, research suggests that we often abandon most of these reading skills. In a foreign language we usually start at the beginning of a text and try to understand every single word. Inevitably, we come across unknown or difficult words and quickly get frustrated with our lack of understanding.

One of the main benefits of reading in a foreign language is that you gain exposure to large amounts of words and expressions used naturally. This kind of reading for pleasure in order to learn a language is generally known as 'extensive reading'. It is very different from reading a textbook in which dialogues or texts are meant to be read in detail with the aim of understanding every word. That kind of reading to reach specific learning aims or do tasks is referred to as 'intensive reading'. To put it another way, the intensive reading in textbooks usually helps you with grammar rules and specific vocabulary, whereas reading stories extensively helps show you natural language in use.

While you may have started your language learning journey using only textbooks, *Short Stories in Spanish for Intermediate Learners* will now provide you with opportunities to learn more about natural Spanish language in use. Here are a few suggestions to keep in mind when reading the stories in this book in order to learn the most from them:

➤ **Enjoyment and a sense of achievement when reading are vitally important.** Enjoying what you read keeps you coming back for more. The best way to enjoy reading stories and feel a sense of achievement is by reading each story from beginning to end. Consequently, reaching the end of a story is the most important thing. It is actually more important than understanding every word in it!

➤ **The more you read, the more you learn.** By reading longer texts for enjoyment, you will quickly build up an understanding of how Spanish works. But remember: in order to take full advantage of the benefits of extensive reading, you have to actually read a large enough volume in the first place! Reading a couple of pages here and there may teach you a few new words, but won't be enough to make a real impact on the overall level of your Spanish.

➤ **You must accept that you won't understand everything you read in a story.** This is probably the most important point of all! Always remember that it is completely normal that you do not understand all the words or sentences. It doesn't mean that your language level is flawed or that you are not doing well. It means you're engaged in the process of learning. So, what should you do when you don't understand a word? Here are a few steps:

1. Look at the word and see if it is familiar in any way. Remember to look for vocabulary elements from your first language that may be familiar. Take a guess – you might surprise yourself!
2. Re-read the sentence that contains the unknown word several times. Use the context of that sentence, and the rest of the story, to try to guess what the unknown word might mean.
3. Think about whether or not the word might be a different form of a word you know. For example, you might encounter a verb that you know, but it has been conjugated in a different or unfamiliar way:

hablar – to speak
habló – he spoke
han hablado – they have spoken

You may not be familiar with the particular form used, but ask yourself: *Can I still understand the gist of what's going on?* Usually, if you have managed to recognize the main verb, that is enough. Instead of getting frustrated, simply notice how the verb is being used, and carry on reading. Recognizing different forms of words will come intuitively over time.

4. Make a note of the unknown word in a notebook and check the meaning later. You can review these words over time to make them part of your active vocabulary. If you simply must know the meaning of a bolded word, you can look it up in the vocabulary list at the end of each chapter, glossary list at the back of the book or use a dictionary. However, this should be your last resort.

These suggestions are designed to train you to handle reading in Spanish independently and without help. The more you can develop this skill, the better you'll be able to read. Remember: learning to be comfortable with the ambiguity you may encounter while reading a foreign language is the most powerful skill that will help you become an independent and resilient learner of Spanish!

The Six-Step Reading Process

In order to get the most from reading *Short Stories in Spanish for Intermediate Learners*, it will be best for you to follow this simple six-step reading process for each chapter of the stories:

① Look at the illustration and read the chapter title. Think about what the story might be about. Then read the chapter all the way through. Your aim is simply to reach the end of the chapter. Therefore, *do not stop to look up words and do not worry if there are things you do not understand.* Simply try to follow the plot.

② When you reach the end of the chapter, read the short summary of the plot to see if you have understood what has happened. If you find this difficult, do not worry. You will improve with each chapter.

③ Go back and read the same chapter again. If you like, you can focus more on story details than before, but otherwise simply read it through one more time.

④ When you reach the end of the chapter for the second time, read the summary again and review the vocabulary list. If you are unsure about the meanings of any words in the vocabulary list, scan through the text to find them in the story and examine them in context. This will help you better understand the words.

⑤ Next, work through the comprehension questions to check your understanding of key events in the story. If you do not get them all correct, do not worry, simply answering the questions will help you better understand the story.

⑥ At this point, you should have some understanding of the main events of the chapter. If not, you may wish to re-read the chapter a few times using the vocabulary list to check unknown words and phrases until you feel confident. Once you are ready and confident that you understand what has happened – whether it's after one reading of the chapter or several – move on to the next chapter and continue enjoying the story at your own pace, just as you would any other book.

Only once you have completed a story in its entirety should you consider going back and studying the story language in more depth if you wish. Or instead of worrying about understanding everything, take time to focus on all that you *have* understood and congratulate yourself for all that you have done so far! Remember: the biggest benefits you will derive from this book will come from reading story after story through from beginning to end. If you can do that, you will be on your way to reading effectively in Spanish!

Soñando con fuego

Capítulo 1 – ¿Los sueños pueden hacerse realidad?

Jen estaba irritada con su novio. Gracias a él, todos los que estaban sentados en la mesa la estaban mirando. Miró a Ben con gesto enfadado. Él simplemente le sonrió de vuelta. Sarah, la mejor amiga de Jen, miró a Jen con una pequeña sonrisa. Jaime, el novio de Sarah y el mejor amigo de Ben, tenía una expresión de sorpresa y curiosidad en su **rostro**. Eric y Lisa eran amigos del grupo y también parecían sentir curiosidad.

–¿Por qué Ben tiene que contarle a todo el mundo mis sueños? –pensó Jen.

Al final, se dirigió a sus amigos y les dijo:

–Sí, es verdad.

Miró a Ben de nuevo y empezó a explicarles:

–A veces sueño con cosas sin importancia y los sueños **se hacen realidad** al día siguiente. Casi siempre ocurre unas seis horas después de que me despierto. Me pasa desde siempre. Pero siempre son tonterías, y cosas sin importancia.

–¿En serio? ¿Como qué? –le preguntó Eric.

–Bueno, cuando tenía cuatro años, soñé que una cuchara se caía de una mesa y hacía un ruido fuerte al **chocarse contra** el suelo –dijo Jen–. Al día siguiente, mientras mi padre daba un discurso en una fiesta, a un invitado se le cayó una cuchara al suelo. Como puedes imaginarte, hizo un ruido muy fuerte, lo cual **sobresaltó** a todos.

El grupo de amigos se empezó a reír. Jaime miró a Jen detenidamente antes de decirle sonriendo:

–Pero esto parece más bien una coincidencia que otra cosa...

–Al principio pensaba lo mismo –le interrumpió Ben inclinándose hacia adelante–, hasta que Jen me contó más cosas de sus sueños y entonces empecé a creérmelo. ¡Así que hice una prueba y vi que sucedía de verdad!

–¿Cómo que hiciste una prueba? –preguntó Jaime.

–Hace unos meses, cuando se despertó Jen, le pedí que me contara el último sueño que recordaba –dijo Ben–. Me dijo que había soñado con alguien que **estornudaba** 17 veces y que todo el mundo se reía de ello. Después, esperamos seis horas, y ¡entonces ocurrió! Mientras estábamos almorzando juntos, una mujer sentada al otro lado del restaurante empezó a estornudar. Si hubieran sido solo un par de estornudos, no creo que nadie lo hubiera notado. Pero la mujer siguió estornudando, así que me puse a contar. Estornudó 17 veces, ni más ni menos. Cuando terminó, todo el mundo en el restaurante **se estaba partiendo de risa**. ¡Fue supergracioso!

–Sí, sí, y a la pobre mujer le dio tanta **vergüenza** que se levantó y se marchó del restaurante –dijo Jen dándole un golpe a Ben en el hombro.

–¡Para ya, Jen! –dijo Ben–. ¡Yo creo que es increíble!, y a mí me encanta explicárselo a la gente.

–No es ningún **truco mágico**, Ben –dijo Jen–. Sabes que no me gusta hablar de ello con nadie. La gente se entera y piensa que soy rara.

–¡Yo no creo que seas rara! –dijo Lisa–. A mí me parece **chulo**, la verdad.

–Sí, a mí también –dijo Eric.

–Y a mí también –dijo Sarah con timidez, sonriéndole a Jen–. ¡Siempre he querido tener esa capacidad!

–¿Alguna vez tus sueños no se han hecho realidad? –preguntó Lisa.

–Depende –dijo Jen–. Las **pesadillas** nunca se hacen realidad. Tampoco se hace realidad cuando sueño con un cambio de vida muy grande, por ejemplo, que me toque la lotería o algo así. Los únicos sueños que se hacen realidad son los que no son importantes. Es un poco molesto, la verdad.

Hubo una larga pausa mientras todos pensaban en lo que había dicho Jen, hasta que habló Jaime:

–¿Pero no podrías usar esa capacidad para **predecir** el futuro u otra cosa? –le preguntó.

Jen sacudió la cabeza antes de que otra persona pudiera opinar.

–No funciona así –dijo–. Yo nunca sé si un sueño se va a hacer realidad hasta justo antes de que suceda.

–Pero, ¿cómo sabes que esos sueños se harán realidad después de seis horas? –preguntó Jaime.

–Cuando tenía diez años, empecé a escribir un diario íntimo –dijo Jen–. Apuntaba mis sueños y tomaba nota de si se hacían realidad. Empecé a darme cuenta de que se hacían realidad a la misma hora cada día. Cuando hice los cálculos, me di cuenta de que eran seis horas... Bueno, seis horas, 17 minutos y 29 segundos, para ser exacta.

–Espera... –dijo Ben–. Nunca me habías contado eso. ¿Sabes exactamente cuánto tarda un sueño en hacerse realidad?

–Bueno, eso es lo que yo creía cuando tenía diez años –dijo Jen–. Pero ya hace muchos años de eso. Y no fue ningún experimento científico, como te digo...

Los amigos volvieron a reírse.

Jaime miró a Jen con una sonrisa.

–Entonces, ¿no hay manera de predecir el futuro? –preguntó.

–No –dijo Jen–. A veces algo **desencadena** en mí un recuerdo de un sueño, con lo cual, sé que el sueño va a hacerse realidad. Pero como mucho, el **aviso** viene una hora antes y eso solo ha pasado una vez. En la mayoría de los casos, siento una sensación rara unos cinco minutos antes de que suceda. Entonces, me siento y espero a que suceda. Como os dije, es un poco molesto. La verdad es que no puedo hacer nada para controlarlo.

El silencio volvió a reinar y Jen sonrió al ver las caras de sus amigos. Sabía que de ahora en adelante, la vigilarían para ver si su capacidad excepcional se manifestaba. Ben tenía buenas intenciones, pero no lo entendía. Le incomodaba que la gente la observara y le preguntara sobre sus sueños. Era una sensación muy extraña.

Poco después se acabó la cena y todos se marcharon a casa. Cuando hacían alguna fiesta, Ben solía quedarse a hablar un rato, pero esa noche no pudo. Tenía que trabajar temprano al día siguiente y su trabajo estaba al otro lado de la ciudad. Era electricista y hacía poco le habían contratado para trabajar en un bloque de oficinas nuevas en el norte de la ciudad.

Jen estaba muy **orgullosa** de Ben y le hacía mucha ilusión lo bien que iba su relación. Ya hacía más de un año que **salían juntos** y se había enamorado profundamente de él. Estaba segura de que él sentía lo mismo por ella.

Aquella noche, acostada en la cama, pensaba en lo maravilloso que sería estar casada con Ben. Mientras se quedaba dormida, deseaba que el momento especial en que Ben **le propusiera matrimonio** llegara pronto.

Anexo del capítulo 1

Resumen

Jen y su novio Ben están cenando con unos amigos. Ben les explica a sus amigos que los sueños de Jen, a veces, se hacen realidad. Cuando sus amigos empiezan a hacerle preguntas al respecto, Jen les explica lo que sucede. Además, les comenta que ningún gran sueño se hace realidad. Explica que son solo cosas sin importancia, como cucharas que se caen o estornudos, las que sí se hacen realidad. Sus amigos le hacen muchas preguntas y Jen se siente incómoda. La fiesta se acaba y Ben se va a casa temprano. Es electricista y tiene que levantarse temprano para ir a trabajar a la ciudad. Jen se duerme deseando que Ben le pida que se case con él pronto.

Vocabulario

el rostro face
hacerse realidad to become true
chocarse (contra) to crash (into), to hit
sobresaltar to shock
estornudar to sneeze
partirse de risa to crack up, to split one's sides laughing
la vergüenza shame
el truco mágico magic trick
chulo/-a cool
la pesadilla nightmare
predecir to predict
desencadenar to trigger
el aviso notice, warning
orgulloso/-a proud
salir juntos/-as to go out together
proponerle matrimonio (a alguien) to propose to someone

Preguntas de elección múltiple

Seleccione una única respuesta para cada pregunta.

1) ¿Quién es Ben?
   a. el hermano de Jen
   b. el novio de Jen
   c. el padre de Jen
   d. el mejor amigo de Jen

2) ¿Por qué a Jen no le hace ilusión su capacidad para predecir los sueños?
   a. Porque sus sueños nunca la afectan.
   b. Porque sus sueños nunca se hacen realidad.
   c. Porque solo se hacen realidad cosas sin importancia de sus sueños.
   d. Porque prefiere no saber qué es lo que va a ocurrir.

3) ¿Con quién le gusta a Jen hablar de su sueño?
   a. solo con Ben
   b. con Ben y sus amigos
   c. con nadie
   d. ninguna de las respuestas anteriores

4) ¿Cuántos años tenía Jen cuando empezó a escribir un diario de sus sueños?
   a. 10 años
   b. 6 años
   c. 17 años
   d. 7 años

5) ¿Cuánto tiempo pasa después de que Jen se despierta hasta que sus sueños se hacen realidad?
a. 16 minutos exactos
b. unos 6 días
c. unas 6 horas
d. 16 horas exactas

Capítulo 2 – Un mal presentimiento

Jen se despertó al día siguiente **sudando** y con un sonido extraño en sus oídos. El sueño que había tenido era uno de los peores que recordaba. Ben estaba **atrapado** en un incendio en el edificio donde trabajaba, y no podía encontrar la salida. Estaba atrapado junto con dos personas más en una especie de **trastero**. ¡El humo y el calor del fuego eran terribles! ¡Entonces, se oía un fuerte sonido metálico mientras un objeto pesado **se derrumbaba** sobre ellos!

Al despertarse, Jen **se quedó sin aliento** y trató de calmarse. Miró el reloj. Eran las 7:05 a.m. Probablemente Ben ya estaba en el trabajo, pero quería llamarle de todas formas.

–¿Diga? –Ben respondió después del segundo sonido del teléfono.

–Hola, soy yo –dijo Jen–. Solo quería escuchar tu voz. ¿Estás bien?

–¡Estoy genial, cariño! –dijo Ben–. Preparándome para empezar el día. Este es un gran proyecto, un trabajo importante. Pronto voy a necesitar un poco de dinero extra... ya me entiendes.

A Jen **le dio un vuelco el corazón**. ¿Ben había acabado de sugerirle a Jen que necesitaba dinero para comprarle un anillo de compromiso? Jen sonrió.

–Te quiero, Ben –le dijo.

–Yo también te quiero, Jen –respondió él–. Nos vemos después del trabajo, ¿vale?

–Muy bien –respondió Jen–. Cuídate mucho hoy.

–Claro, como siempre –dijo Ben y colgó.

Jen colgó el teléfono e intentó no pensar en el sueño de la noche anterior. No era la primera vez que había tenido un mal sueño, y sabía que los malos sueños nunca se hacían realidad.

Jen se levantó de la cama y comenzó a prepararse para salir. Una hora después iba en coche al trabajo. Todavía estaba pensando en el sueño. El nuevo trabajo de Ben era en un edificio situado al otro lado de la ciudad, lejos de la clínica donde ella trabajaba como enfermera. Debido al intenso tráfico, Jen tardaba una hora en atravesar la ciudad de un lado al otro, con lo cual no podía ver a Ben hasta más tarde por la noche. Intentó no pensar en el sueño, pero no pudo evitar preocuparse.

En la clínica era la **temporada de gripe**, con lo cual había un flujo constante de pacientes con fiebre esa mañana. Jen no tenía tiempo para pensar en sus sueños ni en otra cosa. Cuando llegó la hora del almuerzo a mediodía, se alegró de tener un momento de paz. Había otras dos enfermeras más en la sala de descanso, y todas estaban disfrutando del silencio... hasta que a Sherry, una de las enfermeras, se le cayó la cuchara con la que había comido la sopa. Se escuchó un fuerte sonido metálico en el suelo.

El sonido metálico provocó una de las emociones más fuertes que Jen había experimentado hasta entonces. Era el mismo sonido con el que se había despertado en los oídos esa mañana. ¡El mismo sonido que había escuchado en ese sueño terrible en el que Ben estaba atrapado en un incendio y algo se derrumbaba encima de él!

Jen miró el reloj. Eran las 12:07 p.m. Recordó la hora que indicaba el reloj cuando se había despertado: las 7:05 a.m. Sus pesadillas nunca se habían hecho realidad..., pero Jen no podía dejar de **hacerle caso** a la sensación de inquietud que tenía en ese momento. ¿Y si esta era la única vez que una pesadilla suya se hacía realidad? ¿Y si esta era la razón por la que ella había tenido tantos sueños toda su vida? ¿Qué pasaría si todos sus sueños se habían ido acumulando uno tras otro hasta llegar a este momento?

El reloj ahora marcaba las 12:08 p.m. Jen hizo algunos cálculos rápidos y se dio cuenta de que tenía una hora y 14 minutos para hacer algo al respecto. Se levantó rápidamente, cogió su bolso y salió corriendo por la puerta de la sala de descanso.

–¡Jen! –la llamó una de las enfermeras–. ¿Va todo bien?

Jen no le hizo caso y siguió corriendo hasta que salió del edificio y llegó al parking.

Al subirse al coche, **marcó** el número de teléfono de Ben con una mano mientras **arrancaba** el motor con la otra. Mientras iba conduciendo por la calle, el teléfono de Ben sonó durante mucho rato hasta que al final saltó el **buzón de voz**.

–Ben, soy yo –dijo rápidamente, mientras seguía conduciendo–. Llámame cuando recibas esto, porfa.

Colgó justo antes de entrar en la carretera. Era la hora de comer, así que había bastante tráfico, pero no tanto como durante la **hora punta** al final del día. Aun así, lo más probable era que tardara una hora en llegar al edificio de Ben.

Jen miró el reloj de su coche. Eran las 12:16 p.m. Volvió a coger el móvil y marcó el número de Jaime, el amigo de Ben. El teléfono sonó tres veces y Jaime contestó.

–Hola Jaime, soy Jen –dijo.

–¡Hola Jen! –respondió Jaime–. ¿Qué tal?

–¿Has sabido algo de Ben esta mañana? –le preguntó ella.

–No –dijo Jaime–. La última vez que hablé con él fue anoche. ¿Por qué? ¿Qué pasa?

–Espero que nada –dijo Jen–. Solo que no cogió el teléfono cuando le llamé al trabajo hace un momento.

–No te preocupes –dijo Jaime–. El edificio en el que está trabajando está hecho de **hormigón** bastante grueso. Probablemente no haya cobertura.

–Seguramente tienes razón –dijo Jen–. De todos modos, si tienes noticias de él, avísame, ¿vale?

–Claro –dijo Jaime–. ¿Ocurre algo más, Jen? Te noto rara.

Jen no sabía si decirle algo a Jaime sobre su sueño, o no. Después de una larga pausa, decidió contarle la verdad.

–Tuve un sueño en el que Ben se quedaba atrapado en un incendio dentro del edificio donde trabaja –dijo

Jen–. Ya sé que te dije anoche que mis pesadillas no se hacían realidad, pero esta vez me está preocupando mucho este sueño. Y ahora, como no contesta al teléfono, me estoy **volviendo loca de los nervios**.

–¡Ahhh! –dijo Jaime–. Ya lo entiendo. Vale... a ver...

–Oye, ¿pero eso es lo único que me vas a decir? Jaime, tú vives en la misma zona de la ciudad donde trabaja Ben...

–De acuerdo, está bien –dijo Jaime–. Voy hacia el trabajo de Ben a ver si lo encuentro.

–Gracias, Jaime –dijo Jen–. Espero que no haya pasado nada.

–Yo también –dijo Jaime–. No te preocupes, seguro que todo va bien, Jen.

Jen colgó y miró el reloj de nuevo. Eran las 12:22 p.m.

No había demasiado tráfico, así que Jen pudo avanzar rápidamente durante los primeros 30 minutos de camino hacia el edificio de Ben. Luego, a unos cinco kilómetros del edificio, el tráfico se paró por completo. Intentó llamar de nuevo a Ben, pero seguía sin responder. Le envió un mensaje de texto a Jaime, pero no contestó. Miró el reloj. Eran las 12:54 p.m. Le quedaban 28 minutos antes de que, quizás, el sueño se hiciera realidad.

A lo lejos, parecía que no había tráfico en la siguiente salida de la autopista. Decidió jugársela y conducir por el borde de la autopista hasta llegar a la salida. Al parar en un semáforo, introdujo el nombre del edificio de Ben en el **navegador** de su coche. En la pantalla apareció un mapa que mostraba la nueva ruta. Había que dar un gran rodeo por las carreteras secundarias, pero era mejor opción que quedarse en la autopista. Cuando el semáforo se puso en verde, Jen condujo tan rápido como pudo. Poco después tuvo que **detenerse** debido a las obras que había en la carretera, pero finalmente pudo pasar y llegó al edificio de Ben.

Miró el reloj. Era la 1:12 p.m. Le quedaban diez minutos. Corrió hacia la puerta del **vestíbulo**. Tan pronto como entró, lo olió: ¡era humo! **Se le cayó el alma a los pies** y le entró el pánico. Era real. ¡Había un incendio! ¡Su sueño se estaba **convirtiendo en realidad**!

Anexo del capítulo 2

Resumen

Jen tiene una pesadilla horrible en la que su novio Ben se queda atrapado en un incendio en el edificio donde trabaja. Jen procura no pensar en ello y se va a trabajar. Mientras está trabajando, algo le hace pensar en el sueño. Se da cuenta de que queda poco más de una hora antes de que el sueño se haga realidad. Llama a Ben, pero él no coge el teléfono, así que decide ir a verlo a su trabajo. Por el camino, llama a Jaime y le pide que también compruebe que Ben está bien. Jen atraviesa la ciudad en coche para asegurarse de que a Ben no le ha pasado nada. Jen no tiene mucho tiempo y el tráfico dificulta el trayecto. Cuando llega al edificio, huele a humo y sabe que su sueño se va a hacer realidad en cualquier momento.

Vocabulario

sudar to sweat

atrapado/-a trapped

el trastero storage room

derrumbarse to collapse

quedarse sin aliento to run out of breath

le dio un vuelco el corazón his/her heart missed a beat

la temporada de gripe flu season

hacer caso a alguien to pay attention to someone

marcar to dial

arrancar to start

el buzón de voz voicemail

la hora punta rush hour

el hormigón concrete

volverse loco/-a de los nervios to freak out, to be extremely nervous and stressed

el navegador (*Am. Eng.*) GPS system, (*Br. Eng.*) satnav

detener(se) to stop

el vestíbulo lobby, entrance

caérsele el alma a los pies to have one's heart sink, to experience heavy disappointment

convertirse en realidad to turn into reality, to come true

Preguntas de elección múltiple

Seleccione una única respuesta para cada pregunta.

6) ¿A qué hora se despierta Jen?
   a. a las 7:55 a.m.
   b. a las 7:15 p.m.
   c. a las 7:05 a.m.
   d. a las 7:45 a.m.

7) ¿Dónde trabaja Jen?
   a. en una zona en obras
   b. en un restaurante
   c. en una cafetería
   d. en una clínica

8) ¿Qué hecho relacionado con su sueño provoca en Jen una sensación muy fuerte?
   a. A alguien se le cae una cuchara.
   b. El teléfono suena.
   c. Jen nota un sabor raro en la comida.
   d. Jen mira el reloj.

9) ¿A quién llama Jen cuando no puede comunicarse con Ben?
   a. a Sarah
   b. a Jaime
   c. a Eric
   d. a Lisa

10) ¿Qué palabras o expresiones NO tienen un significado en común?
    a. volverse loco de los nervios / preocuparse
    b. sudar / sentir pánico
    c. caérsele el alma a los pies / ignorar
    d. pesadilla / sueño

Capítulo 3 – ¡El rescate!

Jen se quedó en el vestíbulo del edificio. No sabía qué hacer. Efectivamente, había un incendio en el edificio de Ben y ¡él estaba en peligro! De repente, escuchó a alguien que **gritaba** su nombre. Se dio la vuelta para ver qué pasaba y vio que Jaime iba corriendo hacia ella.

–¡Jaime! –dijo, **aliviada** de que estuviera allí–. ¡Es verdad! ¡Mi sueño es verdad! ¿Notas el olor a humo?

–Sí, pero cálmate –dijo Jaime, sacándola del edificio–. Me quedé atrapado en un atasco y acabo de llegar hace unos minutos. Di la vuelta por la parte de atrás del edificio y vi que salían llamas y humo por las ventanas de arriba. Llamé al 112 y los bomberos ya **están en camino**. No te preocupes, estoy seguro de que van a rescatar a Ben.

Justo en aquel momento las **alarmas de incendios** empezaron a **sonar**.

–¿Por qué han tardado tanto tiempo? –pensó Jen.

Jen miró su reloj. Era la 1:13 p.m.

–Los bomberos no llegarán a tiempo –dijo–. ¡A Ben le quedan menos de diez minutos!

–Cálmate, Jen –dijo Jaime–. Tenemos que pensar. ¿Qué recuerdas de tu sueño exactamente?

–Pues… no sé… –dijo Jen, llorando.

–¡Venga, piensa!

–¡Vale, vale! –exclamó–. Estaba atrapado en un trastero o algo parecido.

–¿Eso es todo? ¿Nada más?

Jen cerró los ojos y trató de recordar lo que había visto en su sueño. En su mente apareció la imagen de una caja eléctrica colocada en la pared. Recordó que había un número tres en la parte superior de la caja.

–Hay una caja eléctrica en la pared. Hay un número tres en la parte superior –dijo, abriendo los ojos–. Ya está.

Miró a Jaime con miedo en los ojos.

–¡Tercera planta! ¡Tiene que ser la tercera planta! –dijo Jaime–. ¡Vamos!

Jen y Jaime entraron corriendo por la puerta de entrada del edificio. En aquel momento, un grupo grande de personas salía corriendo. El grupo los **arrastraba** hacia atrás, así que no conseguían avanzar hacia el interior del edificio. Por fin, empezaron a salir menos personas y Jen y Jaime consiguieron avanzar. Jen corrió hacia los ascensores, pero Jaime la **empujó** hacia las escaleras.

–Los ascensores no funcionan cuando hay un incendio –dijo–. Mejor vamos por las escaleras.

Cuando abrieron la puerta de las escaleras, otra muchedumbre de trabajadores los empujó hacia atrás. Jaime tropezó, **se cayó** y dio un grito de dolor.

–¡Jaime! ¿Estás bien? –exclamó Jen.

–¡Mi **tobillo**! –gritó–. ¡Me duele mucho!

Mientras la muchedumbre que bajaba por las escaleras fue disminuyendo, Jaime intentó subir por las escaleras, pero después de dar un paso se cayó de nuevo al suelo.

–¡Ayyyyyy! –**chilló**–. ¡Me duele! No hay manera, Jen. No podré llegar a tiempo. Tendrás que ir tú sola.

–¡¿Qué dices?!

–¡Vete! ¡Tú puedes hacerlo! Yo voy a pedir ayuda.

Jaime empujó a Jen hacia las escaleras y luego caminó **cojeando** hacia el vestíbulo mientras gritaba pidiendo socorro. Jen lo miró una última vez y subió las escaleras corriendo. Miró su reloj de nuevo: la 1:18 p.m. A Ben le quedaban cuatro minutos.

Cuando Jen llegó a la tercera planta, abrió la puerta que daba al pasillo. Un espeso humo negro llenaba el lugar. Se puso de rodillas y empezó a **gatear**. El humo era denso, hacía muchísimo calor, y se escuchaba un sonido parecido a un **rugido** que venía desde el piso de arriba. Siguió avanzando con lágrimas en los ojos, buscando **frenéticamente** algo que pareciera un trastero.

Justo después, Jen encontró el trastero que estaba buscando. Estaba casi al final del pasillo. **Golpeó** la puerta.

–¡Ben! –gritó ella–. Ben, ¿estás ahí?

–¿Jen? –Ben respondió–. ¿Qué estás haciendo aquí? No importa. ¡Sácanos de aquí! Estoy con los dos jefes de obra. ¡Estamos atrapados! El **bloqueo de seguridad** se activó cuando saltaron las alarmas de incendios.

–Vale, espera un minuto –dijo Jen, mirando la cerradura de la puerta.

Era una de esas cerraduras de seguridad electrónica de alto nivel. No había manera de abrirla. Miró a su alrededor en busca de algo para romper la puerta. Finalmente, vio un **extintor de incendios** y un

hacha en un armario contra incendios en la pared de enfrente. Corrió hacia la caja, rompió el cristal y sacó el hacha. El humo se había vuelto muy espeso, y empezó a toser.

Jen fue hacia el trastero lo más rápido que pudo. **Respiró** hondo y golpeó el hacha contra la puerta varias veces. Siguió golpeando la puerta sin parar, pero no servía de nada.

A Jen le empezó a entrar el pánico. Golpeó con el hacha una vez más y, de repente, la **manilla** de la puerta se cayó. Jen tiró el hacha y le dio un golpe a la puerta con su hombro. ¡Se abrió! Jen se cayó al suelo, pero enseguida Ben la levantó en sus brazos.

–¿Estás bien? –le preguntó–. Bien hecho, Jen. Pero ¿cómo...?

Jen miró su reloj. A través del humo, se veía la luz de la pantalla: la 1:21 p.m.

¡Ahora no es el momento, Ben! –gritó–. ¡Solo nos queda un minuto!

Jen se agachó y empezó a gatear rápidamente hacia las escaleras. Ben y los dos jefes de obra la siguieron detrás. Unos segundos más tarde escucharon un fuerte sonido metálico y un golpe. ¡El techo del armario se había derrumbado!

El grupo siguió avanzando lentamente por el pasillo, pero a esas alturas el humo era demasiado espeso para poder encontrar las escaleras. Jen se puso a gritar muerta de miedo.

–¡No puedo ver nada! ¡No sé adónde ir!

–¡Yo tampoco! –respondió Ben.

De repente, la voz de Jaime se escuchó desde el piso de abajo.

–¡Os estoy oyendo desde aquí! –dijo–. Estoy en las escaleras. ¡Seguid mi voz!

Jen caminó hacia la voz de Jaime. El humo era tan espeso que apenas podía respirar y el calor le **estaba quemando** la espalda y las piernas. ¡Se sintió como si estuviera ardiendo! ¡Por fin encontraron las escaleras! No paraba de toser, pero a medida que iba bajando por las escaleras, había cada vez menos humo. Pareció una eternidad el tiempo que tardaron en bajar las escaleras, pero finalmente llegaron al vestíbulo.

Jaime les estaba esperando con un grupo de bomberos con máscaras de oxígeno que indicaban a la gente cómo salir del edificio. Uno de los bomberos cogió a Jen en sus brazos y la llevó a través del vestíbulo hasta fuera. Jen miró atrás y vio que otro bombero estaba ayudando a Ben.

Jen y Ben estaban sentados el uno al lado del otro en una ambulancia. Los dos llevaban máscaras de oxígeno cuando Jaime se acercó cojeando y se sentó a su lado.

Después de unos minutos respirando profundamente, Ben se quitó la máscara.

–¿Qué estabais haciendo aquí? –preguntó.

Jaime miró a Jen y sonrió.

–Jen me llamó para decirme que había tenido un sueño sobre un incendio y que tú estabas atrapado en él –dijo–. Decidimos venir para ver si estabas bien.

Ben miró a Jen. Ella sonrió débilmente y se acercó a su novio.

Ben la abrazó y dijo:

–Bueno, ¡me alegro de que hayáis venido a verme!

Luego miró a Jen.

–Te quiero, Jen –dijo, limpiándole un poco la suciedad de la cara–. Me has salvado la vida. Y ahora tengo muy claro que quiero que seas parte de mi vida para siempre. ¿Quieres casarte conmigo?

Jen tardó un momento en darse cuenta de lo que Ben acababa de decir. Cuando se dio cuenta, **se apartó** de él y lo miró sorprendida.

–¡¿QUÉ?! –dijo–. ¿Me pides que me case contigo ahora? ¡Mírame! –exclamó, enseñándole su ropa sucia y su cara–. ¡Debería ser un momento especial! No puedes... No me lo puedo creer...

Jaime y Ben se echaron a reír. Jen miró a Ben y, al final, tampoco pudo contener la risa. Dejó de hablar y sonrió ante el amor de su vida antes de darle un beso. Poco después, los dos estaban tosiendo y apurándose para ponerse de nuevo las máscaras de oxígeno.

Después, Jen se quitó la máscara de la cara un segundo y miró a Ben.

–Eres de lo más inoportuno... –dijo con una sonrisa–. Pero sí, me casaré contigo.

Anexo del capítulo 3

Resumen

Jen se da cuenta de que hay un incendio de verdad y que su sueño se va a hacer realidad. Jaime llega al edificio y dice que ya ha llamado a los bomberos. Jen no cree que lleguen a tiempo, así que insiste en que tienen que ir a buscar a Ben ellos mismos. Jaime se hace daño en el tobillo, así que Jen tiene que seguir y subir sola las escaleras del edificio que está en llamas. Encuentra a Ben y a dos jefes de obra encerrados en un trastero. Jen rompe la puerta para poder sacarlos. El grupo camina por el pasillo siguiendo la voz de Jaime hasta que se ponen todos a salvo. Más tarde, mientras están sentados en una ambulancia, Ben le pide a Jen que se case con él. Jen acepta, pero de broma le dice que es de lo más inoportuno.

Vocabulario

gritar to shout

aliviado/-a relieved

atascado/-a stuck

estar en camino to be on one's way

la alarma de incendios fire alarm

sonar to ring

arrastrar to drag

empujar to push

caerse to fall down

el tobillo ankle

chillar to scream

cojear to limp

gatear to crawl

el rugido roar

frenéticamente frantically

golpear to pound, to hit with force

el bloqueo de seguridad security block
el extintor de incendios fire extinguisher
el hacha ax/axe
respirar to breathe
la manilla handle
quemar to burn
apartar(se) to move away

Preguntas de elección múltiple

Seleccione una única respuesta para cada pregunta.

11) ¿Qué problema tuvo Jaime antes de llegar al edificio?
    a. Tuvo que hacer varias llamadas urgentes.
    b. Había mucho tráfico cuando venía por la carretera.
    c. Le paró la policía de tráfico.
    d. Un coche de bomberos impedía la entrada del edificio.

12) ¿Cuál de las siguientes frases de la historia es un HECHO y no una opinión?
    a. «…estoy seguro de que van a rescatar a Ben».
    b. «Los ascensores no funcionan cuando hay un incendio».
    c. «¡Se sintió como si estuviera ardiendo!»
    d. «Pareció una eternidad el tiempo que tardaron en bajar las escaleras».

13) ¿Por qué Jaime no puede subir por las escaleras?
    a. Porque se ha hecho daño en el tobillo.
    b. Porque está atrapado en la entrada del edificio.
    c. Porque hay demasiada gente.
    d. Porque Jen le ha dicho que se quede atrás y busque ayuda.

14) ¿Cómo libera Jen a Ben del trastero?

    a. Abre la puerta.

    b. Rompe la puerta con un hacha.

    c. Le da una patada a la puerta para abrirla.

    d. Llama a los bomberos.

15) ¿Cuál es la secuencia correcta de hechos?

    a. Jaime se hace daño en el tobillo. Jen encuentra a Ben en el trastero. Los bomberos llegan. Ben le pide a Jen que se case con él.

    b. Jaime se hace daño en el tobillo. Los bomberos llegan. Jen encuentra a Ben en el trastero. Ben le pide a Jen que se case con él.

    c. Los bomberos llegan. Jaime se hace daño en el tobillo. Jen encuentra a Ben en el trastero. Ben le pide a Jen que se case con él.

    d. Jen encuentra a Ben en el trastero. Llegan los bomberos. Jaime se hace daño en el tobillo. Ben le pide a Jen que se case con él.

Persevera y triunfarás

Capítulo 1 – Esperando en la puerta del club

–¿Por qué no podemos entrar? –le pregunté al hombre corpulento parado frente a nosotros.

Vestía un traje oscuro y era alto y fuerte. **Bloqueaba** la entrada del club nocturno Zara. Se podía escuchar la música de baile tras la puerta. ¡Queríamos entrar!

Me habían despedido el día anterior. ¡Necesitaba una noche de diversión! Quería relajarme, y por eso, ¡tenía que encontrar una forma de entrar en el club!

El portero era como un gorila. Su trabajo era dejar entrar a la gente «adecuada» y dejar a todos los demás fuera. Señaló su **carpeta** y **frunció el ceño**.

–Tu nombre no está en esta lista.

Lo miré. Era al menos 15 centímetros más alto que yo.

–¿Y cómo entramos en esa lista?

Estaba con mis amigos, Nacho y Arón. Nos habíamos puesto guapos. Habíamos atravesado la ciudad en coche para venir a Zara. Era un club nuevo y famoso, y queríamos conocerlo.

Pero el gorila no nos respondió. En vez de responderme, miró por encima de mi hombro **flacucho**. La cola de gente detrás de mí era larga.

–¿Cómo puedo entrar? –le pregunté otra vez y **chasqueé los dedos** para atraer su atención. Quería que me prestara atención.

–Tú no –dijo.

Hizo un gesto con la mano a la siguiente persona de la cola para que avanzara. Era una chica rubia muy guapa. Cuando la vi, tuve una idea...

–¡Espera, espera! –respondí–. ¡Nuestras novias ya están dentro! –era mentira.

Arón me miró extrañado. Probablemente pensó: «¿Juan está loco?»

–Juan, ¿qué estás haciendo? –me **susurró** al oído.

Arón era un chico **apuesto**, pero también era tímido. Nunca **se arriesgaba**.

–Cállate –le respondí. No quería que nos oyera el gorila.

Pero el portero nos oyó. **Puso los ojos en blanco** y trató de ignorarme una vez más.

–No, de verdad –insistí–. Nuestras novias están esperándonos dentro.

El portero levantó una cuerda de **terciopelo** rojo para dejar pasar a la chica rubia.

–Gracias, Bruno –dijo la chica al pasar.

Era una chica rubia muy atractiva. Yo iba a seguirla, pero Bruno, el gorila, **negó con la cabeza**.

–¿Es verdad que vuestras amigas están dentro?

–Sí –respondí–. ¡Nuestras novias!

Bruno tenía una expresión **dudosa**. Se llevó la mano a la cabeza calva y luego levantó la carpeta.

–Está bien. Dime sus nombres.

–Sus... ¿nombres? –claro que yo no sabía sus nombres... ¡porque no existían! –Ejem...

–**¡Te pillé!** –dijo. Sonrió y **me echó a un lado**–. ¡El siguiente!

Nacho, Arón y yo nos miramos decepcionados. Como no podíamos entrar, nos marchamos de Zara. Cruzamos la calle y entramos en una cafetería para tomar un café.

–No fue muy inteligente lo que hiciste, Juan– dijo Arón y se quitó la chaqueta.

Se había puesto su ropa favorita para salir. Era tan guapo y vestía ropa tan elegante que parecía un actor, pero siempre tenía una actitud negativa.

Me sentí mal porque la idea de salir había sido mía. Todos sabían que era imposible entrar en Zara sin reserva... y conseguir una reserva, ¡era imposible! Pero yo había querido intentarlo.

Nacho pidió café solo con dos churros rellenos de chocolate. No se parecía en nada a Arón. Era más **atrevido** y alegre. A Nacho le encantaba comer dulces, como pasteles y **golosinas**, por eso estaba un poco gordo.

–Voy a tomar lo mismo –le dijo Arón al camarero–. Pero para mí, los churros sin chocolate, por favor.

–¿Y qué querías? –me preguntó el camarero.

–Me gustaría saber cómo puedo entrar en ese club nocturno –le respondí.

–No puedes entrar. No sin una reserva... o una acompañante –dijo–. A menos que sea una chica guapa, por supuesto. Para las chicas, es fácil entrar. Quieren que haya más chicas dentro.

–¿Por qué? –preguntó Arón.

–¡Porque así los hombres van al club y gastan mucho más dinero!

Asentí con la cabeza.

–Eso no es justo.

El camarero **se encogió de hombros**.

–Puede ser, pero así es la vida. Si quieren ir a Zara, deben encontrar a alguna chica que los acompañe. ¿Desea algo?

–Solamente café con leche. Sin churros –miré a mis amigos–. ¿Quién come churros a las doce de la noche?

Nacho y Arón se miraron.

–Nosotros –dijeron al mismo tiempo.

Suspiré y me crucé de brazos. Estaba claro que iba a pasar la noche solo con aquellos dos.

Después de terminar los cafés y los churros, pagamos la cuenta. Me di cuenta de que había tres chicas sentadas en una mesa. Estaban hablando animadamente. También habían terminado.

–Oíd, chicos –les dije a mis amigos–. ¿Qué os parece si...?

–No –me interrumpió Arón–. Vámonos, Juan.

–Espera. ¿Qué, Juan? –preguntó Nacho–. ¿Quieres hablar con ellas?

Me peiné el cabello con los dedos.

–Podemos intentarlo. ¿Por qué no? Venga, me acaban de despedir. Solo quiero divertirme un rato, quizás bailar un poco. **Hacedme un favor**, intentemos hablar con ellas y ver si quieren entrar con nosotros. ¿Qué es lo peor que puede pasar?

Arón me **miró fijamente**.

–¡Pueden decir que no y reírse en nuestra cara, eso es todo!

Nacho le dio un golpe a Arón en el brazo.

–¡Venga, Arón! –dijo–. Juan tiene razón. Podemos preguntarles. Quizás quieran ir con nosotros a Zara. Si logramos entrar, se pueden quedar con nosotros. O si prefieren, se pueden marchar. En cualquier caso, estaremos en el club y podremos divertirnos un poco.

Las chicas nos miraban. Una de ellas, una joven pelirroja, se inclinó sobre la mesa. Le susurró algo a sus amigas y ellas asintieron con la cabeza. Las tres estaban serias.

Se me hizo un nudo en la garganta, pero decidí seguir adelante con mi plan. Caminé hasta su mesa. Mis amigos se quedaron detrás de mí sentados en la mesa.

–Hola, me llamo Juan Cruz. **Nada que ver con** Tom Cruise –intenté hacer una broma mala.

–Eso es obvio –dijo la pelirroja levantando las cejas.

Sus amigas se rieron, y yo también me reí con ellas.

–¿Os apetecería venir a Zara con nosotros? El gorila de la entrada no quiso dejarnos pasar –dije–. Pero quizás podríamos entrar con vosotras como acompañantes.

La más joven de las tres chicas dijo:

–¿Parejas? **¡Ni siquiera os conocemos!**

–Lo sé –dije–. No es una cita. Solamente entraríamos juntos y, si queréis, podemos pasar el rato juntos. Si no, pues nos separamos. Vamos. ¡Intentémoslo! ¿No queréis conocer el interior de Zara?

Las chicas miraron a través de la ventana de la cafetería a la larga cola frente al club nocturno. Luego **se miraron entre sí**.

–No os necesitamos para entrar –dijo la pelirroja–. Pero... supongo que podemos ayudaros. Puede que tenga contactos.

Miró a sus amigas, se rieron y se levantaron. Después, la pelirroja me agarró del brazo y añadió.

–Por cierto, me llamo Catalina.

Anexo del capítulo 1

Resumen

A Juan Cruz le acaban de despedir de su trabajo. Él y sus amigos, Nacho y Arón, van a un club nocturno llamado Zara, pero no pueden entrar porque no tienen reserva ni van acompañados de ninguna chica. Cruzan la calle para tomar un café y churros en una cafetería. Allí ven a tres chicas y les preguntan si quieren ir al club con ellos para que así los chicos puedan entrar. Las chicas se ríen al principio, pero después aceptan ir con ellos.

Vocabulario

bloquear to block

la carpeta folder

fruncir el ceño to frown

flacucho/-a skinny

chasquear los dedos to snap one's fingers

susurrar to whisper

apuesto/-a good-looking

arriesgar(se) to risk, to take a chance

poner los ojos en blanco to roll one's eyes (usually in disbelief)

el terciopelo velvet

negar con la cabeza to shake one's head

dudoso/-a doubtful

¡Te pillé! I caught you! I don't believe you!

echar a alguien a un lado to push someone aside

atrevido/-a daring

las golosinas sweets

asentir con la cabeza to nod in agreement

encogerse de hombros to shrug one's shoulders

suspirar to sigh

hacer un favor a alguien to do someone a favour

mirar fijamente to stare
hacerse un nudo en la garganta to have a lump in one's throat
nada que ver con it has nothing to do with
¡Ni siquiera os conocemos! We don't even know you!
mirarse entre sí to look at each other

Preguntas de elección múltiple

Seleccione una única respuesta para cada pregunta.

1) ¿Por qué no pueden los tres amigos entrar en el club Zara?
   a. Porque han llegado demasiado pronto para su reserva.
   b. Porque el club está demasiado lleno de gente.
   c. Porque el portero no les deja entrar.
   d. Porque no tienen suficiente dinero para entrar.

2) ¿Cómo se le ocurre a Juan la idea para entrar en Zara?
   a. Ve a una chica rubia que entra.
   b. Ve a un chico rubio que entra.
   c. Ve a una pareja que entra.
   d. Al tomar café.

3) ¿Cuáles son las principales diferencias entre las actitudes de Juan, Nacho y Arón?
   a. Juan y Arón no tienen ganas de divertirse, pero a Nacho le apetece mucho ir al club.
   b. Juan y Nacho son optimistas. Arón es negativo la mayor parte del tiempo.
   c. Juan y Arón están aburridos. Arón quiere irse a otro club nocturno.
   d. Ninguna de las opciones anteriores.

4) Juan hace una broma sobre un actor, y las chicas ____.
   a. se quedan muy serias
   b. le preguntan su nombre
   c. se ríen
   d. se enfadan

5) Las chicas ____.
   a. no pueden entrar en el club sin los chicos
   b. están enfadadas porque los jóvenes las molestaron
   c. se ríen con la broma de Juan
   d. no ayudarán a los jóvenes

Capítulo 2 – ¡Ya entramos!

–Dejadme hablar con el gorila –dije mientras los seis salíamos de la cafetería.

–No –dijo Catalina–. Déjame a mí. Tú no pudiste convencerlo **hace un rato**.

Me miró dulcemente mientras yo empezaba a protestar, pero Nacho **me dio un codazo en las costillas**.

–Tiene razón. Déjale que lo intente.

Comenzamos a caminar hacia el final de la cola. De repente, Catalina me cogió de la mano y corrimos hacia el gorila. Los demás nos siguieron, aunque no comprendían el plan.

–Disculpa, ¿Bruno? –gritó Catalina mientras se acercaba haciendo un gesto con la mano en el aire. Se paró a unos pocos centímetros del gorila **amedrentador**–. ¿Eres Bruno, no?

–¿Te conozco? –preguntó el gorila sorprendido.

–Se suponía que hace un rato debías haber dejado entrar a mi novio –dijo y me señaló–. ¿Qué sucedió?

–Su nombre no estaba en la lista... –respondió Bruno nervioso.

–¿La lista? ¿Quieres decir la lista falsa? –preguntó mientras Bruno levantaba su preciada carpeta. La sostuvo en el aire, pero Catalina insistió–. ¡No mientas! ¡Son un montón de nombres falsos en un papel!

–¿Cómo lo sabes? –preguntó el gorila mientras se acercaba a ella. Tal vez no quería que el resto de la cola lo oyese–. Y si fuese una lista falsa, ¿cuál es el problema?

–¿Conoces a una señora que se llama Zara Bermúdez?

Bruno se puso nervioso de nuevo.

–¿La dueña?

–Sí, la dueña –respondió Catalina en voz baja. Después buscó en su bolso y sacó su carné de identidad. Se lo mostró al gorila y este se puso pálido–. Soy Catalina Bermúdez –dijo con seguridad–. Zara es mi madre.

–¡Hemos entrado! Eso ha sido impresionante, Catalina –dije, quitándome el pelo de los ojos–. ¡No tenía ni idea de quién eras!

–¿Era? –dijo Catalina mientras me llevaba hacia la barra–. ¡Todavía soy la hija de Zara! ¿Qué quieres tomar?

Varios clientes trataban de llamar la atención del camarero, pero cuando este vio a Catalina, fue a hablar directamente con ella.

–¡Me alegro de verte! –gritó para hacerse oír por encima de la música–. ¿Qué vais a tomar?

–Un refresco de cola –dijo– y... –me miró.

–Para mí también.

–¿Qué? –preguntó el camarero–. ¡Perdona, no te oigo, chaval!

–¡Un refresco de cola para mí también! –grité.

Catalina parecía sorprendida de lo que había pedido.

–¿No tomas alcohol?

–No, soy **menor de edad** –dije sonriendo.

–Espero que así sea –dijo ella–, o los dos tendremos problemas aquí.

El camarero nos **trajo** los refrescos. Los llevamos a una mesa vacía en una esquina.

–Tus amigos han desaparecido –dijo Catalina mirando a su alrededor.

–Veo a uno en la **pista de baile** –dije y señalé a Nacho. Estaba bailando con la amiga más joven de Catalina–. ¡Parece que **se llevan bien**! Mira, están sonriendo.

–¿Y el otro? –respondió Catalina mirando a su alrededor de nuevo.

–¿Arón? Creo que... –comencé a decir mientras miraba a mi alrededor–. ¡Ha desaparecido!

No veía a Arón **por ningún lado**. Saqué el teléfono del bolsillo para leer mis mensajes. Tal vez me había mandado un mensaje de texto. Sí, ¡me había mandado un mensaje! Había escrito lo siguiente:

«Lo siento chicos, he decidido irme a casa. No se me da bien tratar con gente nueva».

Este era un comportamiento típico de Arón. ¡No arriesgaba!

–Parece que decidió irse a casa –le expliqué a Catalina.

Ella simplemente sonrió. Yo le devolví la sonrisa.

De repente nos interrumpieron.

–¿Qué pasa, chicos? –dijo la amiga de Catalina que no estaba bailando mientras caminaba hacia nuestra mesa.

–¿Dónde estabas? –preguntó Catalina–. ¿**Espantaste** a Arón?

–Creo que sí –dijo riéndose. Luego me miró–. Por cierto, ¿cómo te llamabas?

–Juan –dije–. Disculpa, ¿tú eres...?

–Soy Susana. La otra chica que está bailando se llama Alicia –respondió señalando la pista de baile–. Oye, ¡tu amigo es un poco raro! –continuó.

–No es raro, es tímido –dije–. Como dice la canción de Emanuel Ortega: *«quisiera pero no puedo...»*

–*«...¡me mata la timidez!»* –terminó Catalina–. ¡Me encanta esa canción!

–¿De verdad? Emanuel Ortega es uno de mis cantantes favoritos...

–También es uno de los míos –dijo Catalina sonriendo.

No podía creerme lo afortunado que era. Ella no solo era guapa e interesante, sino que también tenía muy buen gusto musical.

Susana nos miró y puso los ojos en blanco. No estaba contenta con lo que había pasado con Arón, pero todavía sonreía.

–Está bien, me voy a la barra a tomar algo –dijo–. Catalina, **voy a cargar** mis bebidas **en tu cuenta**. ¡Pásalo bien con tu pareja!

Se alejó y desapareció entre la multitud del **concurrido** bar.

Sonreí. Me gustó oír que éramos «pareja».

–Gracias otra vez por ayudarnos –dije–. Ha sido una semana difícil para mí porque **me he quedado sin trabajo**.

–¡Vaya, qué mala suerte! –dijo Catalina mostrándose comprensiva–. ¿En qué trabajabas?

Se la veía preocupada.

«¿Por qué le he dicho que me he quedado sin trabajo? Pensará que soy un **perdedor**» –pensé.

–Pues la verdad –dije señalando la barra–, trabajaba en eso. Era camarero.

Catalina **se mordió el labio**. Estaba pensando algo.

–Entonces –continuó–, ¿es Zara tal y como te lo habías imaginado?

Eché un vistazo al club. Tenía un sistema de sonido e iluminación de discotecas muy caro. También tenía altavoces con un sonido muy potente en las paredes. Había un disyóquey profesional que ponía muy buena música y la pista de baile estaba llena. Pero también había bastantes asientos para que la gente pudiera sentarse y conversar.

–Me encanta –dije–. Me gustaría venir todas las semanas si pudiera.

–**¿Es una indirecta?** –dijo Catalina riéndose.

–Sí –respondí–. Es decir, si tú quieres hacerte pasar otra vez por mi pareja. Me encantaría llamarte... si me das tu número de teléfono. «¿Por qué sueno como un idiota?» –pensé.

Catalina sonrió y **estiró** la mano. Yo se la quise coger, pero me detuvo.

–No, dame tu móvil.

–Ah, vale –me puse colorado de la vergüenza. Le di mi móvil. Lo cogió y **se agregó a sí misma** a mi **lista de contactos**.

–Aquí está. Ahora ya tienes mi número de teléfono –dijo devolviéndome el teléfono–. No lo compartas con nadie, por favor. Es privado.

Inmediatamente, marqué su número. Vi cómo se **encendía** la luz de su móvil.

–Ahora tú también tienes mi número –dije–. El mío lo puedes compartir con todo el mundo –dije en broma–. No me importa. Nunca me llama nadie.

–Tu madre no tiene un club nocturno –dijo Catalina–, ¿no?

–Creo que no –dije, riéndome–. Oye, quiero que sepas que de verdad... yo no sabía quién eras cuando te hablé en la cafetería.

–Te creo –dijo ella–. Sé que no estabas intentando aprovecharte de mí.

–Bueno, en realidad sí que estaba intentando aprovecharme de ti –confesé–, pero fui muy sincero y te lo dije.

Esta vez, Catalina se rio y miró hacia otro lado. «Tal vez debería callarme» –pensé.

–Debo irme pronto –dijo–. Le dije a mi compañera de piso que iba a estar en casa antes de las 11.

–Deberías vivir para ti misma, no para los demás –dije–. Eso lo leí en una tarjeta o algo parecido.

Catalina sonrió abiertamente.

–¡Estoy completamente de acuerdo! Pero mi compañera de piso perdió las llaves. ¿Te parece bien que la deje esperando en la calle mientras me quedo aquí contigo?

Puse cara de inocente.

–No me importa si tiene que esperar.

–¡Qué típico! –dijo, **poniéndose de pie**–. Bueno, entonces tienes mi número.

–Y tú tienes el mío –dije, y me puse de pie junto con ella. Quería acompañarla hasta la salida–. Ya veremos quién llama al otro primero. Podríamos **apostar**.

Catalina se puso seria un instante.

–Nunca apuestes en contra mía o de mi familia, Juan. Nuestra historia familiar demuestra que nunca perdemos.

Después sonrió y me **guiñó el ojo** antes de encaminarse deprisa hacia la puerta de salida. Era simpática, muy simpática y, ¡creo que yo le interesaba! La seguí hasta la puerta. «¿Cómo podía yo **tener tanta suerte**?» –pensé.

Anexo del capítulo 2

Resumen

Juan y sus amigos logran entrar en el club nocturno Zara con la ayuda de Catalina y sus amigas. Juan y Catalina piden unos refrescos en la barra. Juan se entera de un secreto: la madre de Catalina es dueña del club. Nacho baila con Alicia en la pista, pero Arón se marcha. Juan y Catalina charlan un rato sentados en una mesa. Catalina le da su número de teléfono a Juan y finalmente la joven se marcha.

Vocabulario

hace un rato a short while ago

dar a alguien un codazo en las costillas to give someone a nudge in the ribs

amedrentador/-a intimidating

menor de edad underage

traer to bring along

la pista de baile dance floor

llevarse bien to get along, to get on well

por ningún lado nowhere

espantar to scare

cargar en la cuenta de alguien to charge to someone's bill

alejar(se) to move away

concurrido/-a crowded

quedarse sin trabajo to lose one's job

el/la perdedor/(a) loser

morderse el labio to bite one's lip

echar un vistazo to take a look, to have a look

¿Es una indirecta? Is that a hint?

estirar to stretch

agregarse a sí mismo/-a to add oneself

encender to turn on

la lista de contactos contact list

ponerse de pie to stand up

apostar to bet

guiñar el ojo to wink one's eye

tener tanta suerte to be so lucky

Preguntas de elección múltiple

Seleccione una única respuesta para cada pregunta.

6) Para convencer al gorila de que los deje entrar, Catalina ____.

   a. le da dinero

   b. le golpea el brazo

   c. le muestra una prueba de que su madre es dueña del club

   d. miente

7) Juan va al bar con Catalina y hace lo siguiente: ____.

   a. no pide una bebida

   b. pide la misma bebida que ella

   c. pide una cerveza

   d. pide un refresco de cola y unas patatas fritas

8) Arón le manda a Juan un mensaje de móvil diciéndole que ____.

   a. se ha ido con otro amigo

   b. está en la pista de baile con una chica que ha conocido

   c. se ha ido solo a casa

   d. quiere ir a sentarse con Juan y Catalina

9) Catalina le da a Juan su número de teléfono de la siguiente manera: ____.

a. lo escribe en una servilleta

b. se lo susurra al oído

c. lo llama

d. ella misma lo escribe en el móvil de Juan

10) ¿Qué crees que piensa Juan de Catalina al final de la noche?

a. Catalina es interesante, pero no es divertida.

b. Piensa que no es lo suficientemente buena para ser su pareja.

c. Catalina no está interesada en él porque decide irse a casa.

d. Piensa que Catalina es simpática y que está interesada en él.

Capítulo 3 – ¡No había sido un golpe de suerte!

Esperé tres días antes de llamar a Catalina. Fueron tres días muy largos. Me resultó difícil esperar.

–Has perdido –dijo Catalina al contestar el teléfono.

–Al final no **apostamos**, ¿recuerdas? –le respondí riéndome–. Me estaba preguntando... ¿qué vas a hacer esta noche?

Catalina se quedó en silencio un momento.

–Mis padres van a hacer una pequeña fiesta en casa –empezó a decir–. Vendrán algunos **socios de su negocio**. Quieren hablar sobre el club nocturno. Quieren saber si les está yendo bien.

–¿Asistirás a la fiesta? –pregunté.

–Sí, porque quieren saber mi opinión. Desean conocer la opinión de una persona joven –continuó.

Después esperó un momento antes de añadir:

–¡Quizás deberías venir tú también!

Me reí.

–¿**Estás bromeando**? ¿Quieres que conozca a tus padres? ¿Y quieres que les dé mi opinión sobre su club? No estoy seguro de ello.

Catalina no se rio conmigo.

–Sí, quiero que vengas. ¿Por qué no? Me parece que eres una persona muy honesta y...

–¡Pero si no me conoces!

–Confío en mi intuición, Juan. ¿Podemos **quedar** a las ocho?

Nos encontramos fuera del piso de Catalina. Fuimos en su coche hasta la casa de sus padres. La casa era una mansión gigante. Tenía dos pisos y al menos veinte habitaciones. Conté las ventanas.

–¿Qué estás haciendo? –me preguntó mientras conducía el coche por la amplia entrada.

–Estoy contando las ventanas –respondí con ingenuidad.

–¿Por qué? –respondió con sorpresa.

–No sé. Estoy tratando de ver dónde están los cuartos de baño.

«Qué cosa más tonta he dicho», pensé. Nunca había estado en la casa de una **persona rica**. Ahora iba a cenar con personas ricas que no conocía. ¡Esas personas que no conocía eran los padres de esta chica con la que yo quería salir! Tenía un buen motivo para estar nervioso.

Catalina levantó las cejas y me miró de nuevo.

–No te pongas nervioso –dijo mientras bajaba del coche–. Solo **sé tú mismo**.

–¿Qué significa eso? –le dije mientras me entraba el pánico–. ¡Todos dicen eso siempre! «Sé tú mismo, sé tú mismo». ¡Por supuesto que voy a ser yo mismo! Pero eso no significa que le vaya a caer bien a la gente.

–Está bien, no te preocupes –dijo Catalina–. ¡Sé alguien diferente!

La joven salió del coche y cerró la puerta con fuerza.

–**Estás actuando de forma muy rara**, Juan.

–Lo siento. Es una noche extraña. No te conozco mucho y estoy nervioso porque no sé de qué hablar contigo. Y no tengo ni idea de qué voy a hablar con tus padres.

Catalina sonrió y me dijo:

–Simplemente relájate y realmente, ¡sé tú mismo!

Llamó a la puerta de la mansión. Unos momentos más tarde abrió un **mayordomo**.

«¡Un mayordomo real!» –pensé–. «¿Quién tiene un mayordomo hoy en día?»

–Hola, Jaime –dijo Catalina mirándome.

«Tienes que estar de broma. ¡Tu mayordomo no puede llamarse Jaime!», quería decirle. Afortunadamente, me callé.

–Muy gracioso, jovencita –dijo el mayordomo riéndose–. Pase. Y bienvenido, ¿señor...?

–Buenas noches, soy Juan Cruz –dije extendiendo la mano.

El mayordomo **me estrechó la mano** y me dijo que su verdadero nombre era Pedro, no Jaime. Nos llevó hacia una sala de estar amplia donde había una docena de personas sentadas en los sofás. Dos de ellas se pusieron de pie. Caminaron hacia donde estábamos Catalina y yo.

–Hola, cariño –dijo una mujer muy guapa. Se parecía a Catalina, pero era mayor–. ¿Este es tu nuevo amigo? –dijo **girándose** hacia mí–. Hola, soy Zara –dijo sonriendo.

–Hola. Soy Juan –dije y extendí otra vez la mano, pero ella no me la estrechó. En cambio, me dio un gran abrazo. Un hombre apuesto con cabello gris estaba parado a su lado.

–¿Qué puedo decir? A mi esposa le gustan los abrazos. Pero yo te estrecharé la mano. Puedes llamarme Ricardo –y me estrechó la mano con la fuerza de Superman.

Recordé la broma de Catalina sobre el nombre del mayordomo. Pensé que él también estaba de broma.

–¿Ricardo? ¡Qué gracioso! No me vais a **engañar** otra vez –dije mirando a Catalina. Pero ella no sonreía.

–No, no es una broma –dijo Catalina–. El nombre de mi padre es Ricardo.

Zara **se rio a carcajadas**.

–Me gusta tu amigo, Catalina –dijo–. Por favor siéntate, Juan. Hablemos.

La madre de Catalina y yo conversamos durante algunos minutos en la sala de estar. Luego pasamos al comedor, donde la cena comenzó con un **gazpacho** delicioso. Después de la cena, comenzamos a hablar sobre el negocio del club nocturno.

–Entonces, Juan, ¿cuál fue tu impresión del club? –preguntó Zara.

–¿Mi impresión? –respondí mirando nervioso a mi alrededor –. Bueno, lo primero que vi fue al gorila. No fue **grosero** con nosotros, pero no me creo que su lista de reservas sea real.

–¿Te parece que la lista de reservas es falsa? ¿Por qué piensas eso?

Catalina y yo nos miramos y sonreímos.

–Yo le dije que no era real, mamá –dijo Catalina.

Zara se rio.

–De acuerdo. Me pillasteis. Pero es que mucha gente quiere entrar en el club –dijo Zara moviendo su collar de perlas alrededor del cuello de la camisa–. Tenemos que ser **cuidadosos**. No podemos dejar entrar a todo el mundo. No hay suficiente espacio para todos.

–Existe otro motivo –dijo el padre de Catalina dirigiendo la mirada a su mujer–. Algunas personas quieren entrar, pero no quieren gastar dinero. Otras personas vienen a gastar dinero. Es un negocio. Queremos clientes con dinero, por eso le damos al portero una forma de **escoger** quién entra.

Zara sonrió nerviosamente. Se veía que ella no quería hablar de detalles económicos.

–Entonces, ¿qué opinas del interior del club? –continuó Zara sonriendo–. ¿Te gustó?

Me acordé del pobre camarero. Intentaba servir a demasiados clientes a la vez. Yo también había sido camarero y sabía que era un trabajo difícil.

–Bueno... –empecé–. Me gustó el interior, pero necesita otro camarero en la barra –dije con seguridad–. Ese **tío** necesitaba ayuda. Tenía demasiados clientes al mismo tiempo. Había una multitud y no podía con todo. **Me dio pena.**

–Estoy de acuerdo –dijo Zara–. Es la primera barra que la gente ve, así que siempre está llena, pero parece que no encontramos a la persona adecuada que pueda ayudar. Todos se desaniman después de trabajar algunas noches y se van porque no pueden con ello. ¿Conoces algún buen camarero que necesite trabajo?

Miré a Catalina. Estaba sonriendo de oreja a oreja y afirmando con la cabeza.

–Ejem..., sí. Conozco a un gran camarero que necesita trabajo –dije–. **Es** rápido, responsable y **un buen partido**. Sería una gran ayuda en su club.

Catalina continuó sonriendo mientras añadía:

–¡Esta es una de esas apuestas que puedes hacer, mamá!

Al final de la semana, mi vida había cambiado completamente. Tenía un nuevo trabajo: ¡en el club nocturno Zara! Mi nueva novia, Catalina, me visitaba a menudo. También tenía muchos nuevos amigos incluyendo el otro camarero, Diego, e incluso Bruno, el gorila. Mis amigos no se lo podían creer.

–Tienes tanta suerte, Juan –dijo Arón una noche mientras le hablaba sobre los cambios recientes. Él sacudía la cabeza–. Esas cosas nunca me pasan a mí –continuó–. La gente como tú tiene toda la suerte.

–¿Suerte? –le pregunté sorprendido–. Arón estaba sentado al lado de Nacho y de su nueva novia, Alicia. Enfrente de él, Catalina y yo **estábamos agarrados de la mano**. Nos encontrábamos en la zona VIP de Zara. Miré a nuestro alrededor y dije:

–Estás equivocado, chaval. La suerte no fue el motivo de todo esto. La suerte no tuvo nada que ver. Fue la perseverancia. Tú renunciaste y te volviste a casa el sábado por la noche mientras que Nacho y yo nos quedamos. Hicimos todo lo que estaba en nuestras manos y estuvimos abiertos a las nuevas situaciones que se nos presentaban. En esta vida, la perseverancia trae una **recompensa**.

–Y por suerte –dijo Catalina sonriéndome–, ¡Juan la tiene en abundancia!

Anexo del capítulo 3

Resumen

Después de tres días, Juan llama a Catalina. Ella le invita a una fiesta para que conozca a sus padres y les dé su opinión sobre el club. Juan está muy impresionado por la casa lujosa de sus padres. También está muy nervioso. Cenan todos juntos y le preguntan por su opinión sobre el club. Él menciona que el club necesita un nuevo camarero y Zara le da este trabajo. Unos días más tarde, Juan habla con sus amigos de todas las buenas cosas que le han pasado. Su amigo Arón dice que eso solo es suerte y Juan le explica que solo tuvo suerte porque fue perseverante.

Vocabulario

apostar to bet

los/las socios/(as) de su negocio his/her/their business partners

bromear to joke

quedar to meet

la persona rica wealthy person

ser uno/-a mismo/-a to be oneself

estás actuando de forma muy rara you are acting in a very strange way

el mayordomo butler

estrechar la mano a alguien to shake hands with somebody

girarse to turn around

engañar to fool

reírse a carcajadas to roar with laughter

el gazpacho a cold soup of raw blended vegetables (a typical Spanish dish)

grosero/-a rude

cuidadoso/-a careful

escoger to choose

el/la tío/(a) guy/girl

Me dio pena. I felt sorry for him.

ser un buen partido to be a good match

estar agarrado/-a de la mano to be holding hands

la recompensa reward

Preguntas de elección múltiple

Seleccione una única respuesta para cada pregunta.

11) Catalina invita a Juan a _____.
    a. cenar a su piso
    b. una noche de baile en el club nocturno Zara
    c. una fiesta en la casa de sus padres
    d. una entrevista de trabajo con su madre

12) Juan está nervioso porque _____.
    a. conocerá a los padres de Catalina
    b. tendrá otra cita con Catalina
    c. va en el coche con Catalina
    d. no tiene trabajo

13) ¿Por qué Catalina le presenta al mayordomo de sus padres con el nombre de «Jaime»?
    a. Está bromeando.
    b. El verdadero nombre del mayordomo es Jaime.
    c. El nombre del mayordomo es Bruno, pero a él no le gusta.
    d. Ninguna de las opciones anteriores.

14) Cuando Zara conoce a Juan, _____.
    a. le estrecha la mano
    b. le presenta a su marido
    c. se ríe de él
    d. le da un abrazo

15) La primera cosa que Juan dice sobre el club nocturno es que ____.

a. le cambiaría el nombre

b. contrataría a otro camarero

c. no cree que haya una lista de reservas

d. quiere trabajar allí

Un pueblo temible

Capítulo 1 – Una gran aventura

–Vosotros dos podéis **ir en busca de** vuestra gran aventura –dijo Ari–. ¡Pero yo me quedo en casa!

–**Eso sí que no.** ¡Tú vienes con nosotros!

Desa trató de levantar a su amigo. Ari le dio una patada en la rodilla. Desa lo **apartó**.

Ari tenía 80 años, pero no era humano. Era un esligo con cabello largo y blanco. Tenía los dedos largos y **arrugados**.

Ari era muy joven... para ser esligo. Comparado con los humanos, era un adolescente.

–No, yo me quedo en casa –repitió Ari–. No cambiaré de opinión. No quiero salir. No quiero ir en busca de un tesoro y no quiero pelear con nadie. ¡Vosotros podéis quedaros con vuestra aventura!

Desa **alzó** los brazos **peludos**.

–¡Me rindo! –dijo.

También era esliga, pero era divertida y muy ruidosa. La mayoría de los esligos no eran así.

Su otro amigo era brilli. A los brillis les encantaba pelear, les encantaba la aventura, y sobre todo, les encantaba buscar oro y tesoros.

El brilli se llamaba Lumu. Nadie sabía cuántos años tenía Lumu. Le gustaba mucho hablar, pero nadie lo entendía. No hablaba el idioma de los esligos, pero podía escribirlo.

Lumu llevaba una libreta. A veces, escribía cosas allí.

Escribió una nota a Ari que decía: «*Ari, te puedes quedar en casa*».

–Gracias –dijo Ari–. ¿Ves? Lumu está de acuerdo conmigo.

Lumu escribió: «*No estoy de acuerdo*».

Señaló hacia la ventana. A lo lejos se veía una **nube de polvo**. **Se acercaban** unos caballos. Ari vio a humanos sobre los caballos. ¡Humanos! Uno de los hombres vestía un abrigo largo y amarillo. Llevaba una **corona** en la cabeza.

–No tenemos que irnos del pueblo para tener una aventura –dijo Desa sonriendo–. ¡La aventura viene hacia nosotros!

Ari, Desa y Lumu salieron de casa corriendo. En el pueblo, todos estaban fuera. El pueblo era pequeño. Se llamaba Cañada de las Aves. Era muy tranquilo. La mayoría de las personas que vivían en Cañada de las Aves eran esligos, pero también había algunos brillis y algunos seres de otro tipo.

Todos los habitantes estaban parados frente a sus casas. Miraban a los humanos que venían sobre los caballos.

No era común recibir visitantes. Nunca veían a **desconocidos**, y estos humanos vestían ropa muy rara.

Los caballos redujeron la velocidad. El primer caballo era una **yegua** negra y grande. El **jinete** era el hombre que vestía el abrigo amarillo y llevaba la corona. Parecía un rey cansado.

Tocó el cuello de su caballo y este se quedó quieto. El jinete descendió. Parecía el líder de los otros hombres. Poco después los demás jinetes también descendieron de sus caballos.

–¿Alguno de vosotros sabe quién soy? –preguntó en español. Había ocho jinetes en total, incluido el líder.

–¿Por qué no nos lo dices tú? –preguntó un esligo **menudo**. Era Pidor, el panadero. Como la mayoría de los esligos, Pidor recordaba el español antiguo–. ¡Aquí no nos gustan los misterios, humano!

Desa dio un paso adelante.

–¿Eres un rey del oeste? –preguntó.

–¿Por qué piensas que soy rey?

Desa señaló la corona.

El hombre se quitó la corona de la cabeza.

–Tal vez la he robado –dijo.

Tenía ojos azules brillantes y una barba larga y rojiza.

Lumu miraba la corona fascinado. Estaba hecha de oro. Debía ser pesada y muy valiosa.

–Si la robaste –dijo Pidor–, debes devolverla. Aquí no nos gustan los **ladrones**.

–¿Y qué os gusta? –preguntó el hombre–. ¿Os gusta algo?

–Nos gusta que nos dejéis tranquilos.

Pidor **cruzó los brazos**. Uno de los otros jinetes se le acercó. El líder agitó la mano.

–No –dijo el líder–. ¡Dejad tranquilo al esligo! Y tú casi aciertas –dijo mirando fijamente a Desa–. Yo era rey. Pero ya no lo soy.

Dejó caer la corona al suelo.

Lumu escribió una nota. Se la mostró a Desa. La nota decía:

«Pregúntale si puedo coger la corona ahora».

Desa negó con la cabeza. No le prestó atención a Lumu.

–¿Qué pasó en el oeste? –le preguntó al antiguo rey–. ¿Y por qué habéis venido a Cañada de las Aves?

–Estos hombres –dijo– son los últimos humanos. Hubo una guerra terrible en el oeste. Todos murieron. Yo ya no soy rey... porque ya no hay a quién gobernar.

–Entonces, ¿por qué habéis venido? –preguntó Pidor. Detrás de él, su mujer escondía a sus hijas.

–No temas por tus hijas –dijo el líder, **rascándose** la barba rojiza–. Me llamo Iardo. Estoy llevando a estos siete hombres al pueblo de Manantiales, junto al mar, pero estamos perdidos.

–Me llamo Desa. Necesitas un guía –dijo Desa, y dio un paso hacia adelante.

–Sí, es verdad que necesito un guía –dijo Iardo–. No tengo dinero, pero tengo esta corona de oro. Se la daré a quien nos ayude.

Ari tenía una **duda**.

–¿Por qué tenéis que ir a Manantiales? ¿Qué os espera allí?

–Corre el rumor de que mis amigos están allí. Tal vez no somos los últimos humanos. Necesito saberlo, ¡por eso estamos buscándolos!

Lumu le escribió una nota a Desa. Quería ir con los humanos porque quería la corona. Desa asintió con la cabeza. Ella también deseaba hacer el viaje.

–Te ayudaremos –dijo Desa.

Ari parecía **asustado**. No podía permitirle a Desa que se fuera con esos desconocidos. Le susurró algo en esligonio, pero Desa negó con la cabeza.

–Yo voy a ir, Ari –le dijo–. ¡Ven con nosotros!

Iardo y sus hombres esperaban la respuesta de Ari.

–Yo solo quiero quedarme en casa –dijo Ari–. Pero iré con vosotros. «Iré para protegerte, Desa», pensó.

Uno de los jinetes que tenía una **cicatriz** en la frente se inclinó y **recogió** la corona. **Le quitó el polvo** y la guardó en una **alforja**. Luego volvió a **montarse en el caballo**.

–Entonces, hacemos un **trato** –dijo Iardo–. Tú –señaló a Lumu– montarás con Sadido, el que tiene la cicatriz. Por ahora, él guardará la corona. Tú –señaló a Ari– montarás con el gordo Ekin, el que está allí atrás. Y tú, Desa, puedes montar conmigo.

Anexo del capítulo 1

Resumen

Ari es un joven esligo. No le gustan las aventuras, pero a sus amigos, Desa y Lumu, les encantan. Desa también es esliga, pero Lumu es brilli. Los tres amigos ven que un grupo de humanos a caballo se acerca a su pueblo, y salen a recibirlos. Los humanos vienen del oeste. Están buscando un pueblo junto al mar donde esperan encontrar a otros humanos. Ari, Desa y Lumu deciden ir con ellos.

Vocabulario

ir en busca de to go in search of
Eso sí que no. Definitely not.
apartar to push away
arrugado/-a wrinkled
alzar to raise up, to lift
peludo/-a hairy
la nube de polvo cloud of dust
acercarse to approach, to get closer
la corona crown
el/la desconocido/(a) stranger
la yegua mare
el/la jinete horseman/horsewoman
menudo/-a small
el/la ladrón/ladrona thief
cruzar los brazos to cross one's arms
rascarse to scratch oneself
la duda doubt
asustado/-a scared
la cicatriz scar
recoger to pick up

quitar el polvo a algo to dust something off
la alforja saddlebag
montarse en un caballo/montar a caballo to ride a horse
el trato deal

Preguntas de elección múltiple

Seleccione una única respuesta para cada pregunta.

1) Ari tiene ochenta años, pero ____.
   a. se le considera un anciano
   b. se le considera joven
   c. se le considera sabio
   d. ninguna de las opciones anteriores

2) Desa y Ari no son humanos. Son ____.
   a. lumus
   b. brillis
   c. caballos
   d. esligos

3) Lumu no puede hablar el idioma de los esligos, pero puede ____.
   a. escribirlo
   b. cantarlo
   c. comunicarse con ellos en español
   d. comunicarse por señas

4) Iardo dice que una vez fue ____.
   a. rey
   b. ladrón
   c. panadero
   d. esligo

5) Los humanos llegan montados a caballo. Están perdidos
   y buscan ___.
   a. a una persona que les compre su oro
   b. a otros humanos
   c. un pueblo que se llama Cañada de las Aves
   d. a los brillis

Capítulo 2 – ¡Mineros!

Después de cabalgar todo el día, llegaron al pueblo de Ladera. Ladera era un pueblo minero de montaña. Los **mineros** buscaban oro y piedras preciosas. También era un pueblo muy **peligroso**, lleno de criminales. Todos los mineros llevaban armas para protegerse de los ladrones. Había muchas peleas en la calle y nadie se sentía seguro. Por esa razón, la mayoría de la gente se había ido del pueblo. Muchas de las tiendas, restaurantes y casas estaban vacías.

El sol se había puesto hacía horas. Era tarde y la poca gente que había en la calle los miraba.

–Debemos tener cuidado aquí –dijo Ari–. Deberíamos haber ido por las afueras del pueblo.

–Así es más rápido –dijo Desa–. Además, nadie va a molestar a ocho humanos.

«Tal vez no», pensó Ari. «Pero seguro que van a molestar a dos esligos, y los brillis nunca pelean. Lumu no nos sirve de mucho. Debemos permanecer siempre cerca de los humanos».

–Estamos cansados –dijo Iardo–. Los caballos necesitan descansar. Yo también.

–¿Qué? ¿Te quieres quedar aquí? –preguntó Ari–. Sigamos. Podemos acampar fuera del pueblo.

–No tenemos nada para acampar. ¿Quieres dormir en el suelo sin una **manta** o una **tienda de campaña**?

–No, pero...

–Entonces alquilaremos habitaciones para esta noche –dijo Iardo y se dirigió hacia un pequeño hotel. Era el único negocio todavía abierto en la calle–. Mañana partiremos temprano. No pasaréis miedo por mucho tiempo, pequeños esligos.

Desa se rio, pero Ari estaba preocupado. Iardo y sus hombres **amarraron** los caballos a unos postes de madera y todos caminaron hacia el hotel.

–Dijiste que no tenías dinero, Iardo –dijo Ari.

Iardo se dio la vuelta.

–¿Qué?

–En Cañada de las Aves... dijiste que no tenías dinero.

Iardo **miró fijamente** al esligo menudo.

–Es verdad. ¿Qué quieres decir?

–¿Cómo pagarás las habitaciones?

Los humanos miraron a su líder. Sadido sonrió a Lumu y este escribió «*?*» en su libreta. Ekin apoyó la mano sobre el hombro de Ari.

–Es una buena pregunta, pequeño esligo –dijo Iardo–. Pero no te preocupes, convenceré al dueño del hotel. Soy muy persuasivo cuando hace falta.

La verdad es que Iardo era muy persuasivo. Les consiguió cuatro habitaciones grandes. Una para él, dos para sus hombres y una para que la compartieran Ari, Desa y Lumu.

Desa se quedó con la cama. Ari y Lumu pusieron mantas sobre el suelo. Al menos, las habitaciones estaban calientes.

–No confío en Iardo –dijo Ari–. ¿Cómo ha conseguido las habitaciones sin dinero?

Lumu escribió una nota: «*Tal vez **amenazó** al dueño del hotel...*»

–Sí, yo pienso lo mismo –dijo Ari–. ¡Probablemente amenazó al dueño del hotel con darle una paliza!

–No hables tan alto –dijo Desa–. ¿Piensas que Iardo es peligroso? Si es así, no hables tan alto o te oirá.

–Solamente digo que no lo conocemos. Y ahora, pasaremos la noche en Ladera. Esto ha sido una mala idea.

–Estoy de acuerdo –dijo Desa–. ¡**Traerte** ha sido una mala idea!

Lumu se rio. Ari se dio la vuelta y trató de dormirse.

Cuando finalmente los tres se habían quedado dormidos, la puerta se abrió de un golpe. Dos figuras oscuras habían roto la puerta y habían entrado en la habitación. Ari se sentó, pero le golpearon en la cabeza. Se cayó hacia atrás y **se chocó contra** Lumu. Oyeron a Desa gritar y vieron que una de las figuras la levantaba.

¡La **estaban secuestrando**!

Ari se cubrió la herida de la cabeza con las manos. Las figuras oscuras no eran humanos; parecían mineros. Los mineros eran más bajos y **fornidos** que la mayoría de los humanos. Tenían la piel muy pálida porque no veían la luz del sol con frecuencia. Tenían ojos grandes para así ver mejor en la **oscuridad** de las minas.

Un minero **agarró** a Desa y corrió hacia fuera del hotel con ella. Le había tapado la boca con un pañuelo y ella no podía emitir ningún sonido.

El otro minero esperó en la puerta de la habitación un momento. Parecía confundido. Tenía algo en la mano. Había cogido la manta de Desa.

De repente, Ari escuchó el sonido de los humanos que **se acercaban** por el pasillo. ¡Ellos podrían ayudarlos!

–¡Los mineros se han llevado a Desa! –gritó Ari.

Sadido, Ekin y Ari salieron del hotel persiguiendo a los mineros que ya habían llegado a la calle. Uno de ellos llevaba a Desa pero en la oscuridad era difícil saber cuál de ellos la llevaba... ¡y cuál tenía la manta!

Ari los perseguía. Apuntó hacia ellos.

–¡Seguidlos! –les gritó a los dos humanos–. ¡Ellos han secuestrado a Desa!

Los mineros corrían muy rápido. Ya **se habían alejado** del hotel demasiado. Uno fue hacia la izquierda, el otro hacia la derecha.

–¿Cuál lleva a la esliga? preguntó Ekin mientras corría junto a Ari.

–No lo sé –dijo Ari–. Ven conmigo. Perseguiremos al de la izquierda. Sadido, ¡ve hacia la derecha!

Lumu se había quedado en el hotel. Los brillis caminan extremadamente despacio y nunca corren. Poco después llegaron Iardo y otros humanos. Les había despertado el ruido de las puertas, pero no habían visto nada. Lumu les describió la historia de lo que había sucedido.

–No te preocupes –dijo el antiguo rey con rabia–. ¡Mis hombres atraparán a los mineros!

Lumu esperó en el hotel con Iardo y los demás. Después de una hora, **regresaron** Ari, Sadido y Ekin. Desa no estaba con ellos.

–**Atrapé** a uno de los mineros –dijo Sadido–. Pero no tenía a la esliga. Solamente llevaba una manta.

–¿Dijo hacia dónde iba el otro minero?

–Sí –dijo Sadido frotándose los puños–. Le **obligué** a hablar. El otro minero se lleva a Desa a los pueblos que hay junto al mar.

–¿Por qué? –preguntó Iardo–. ¿También van a Manantiales como nosotros?

Sadido negó con la cabeza.

–Tratará de venderla allí.

Ari se sorprendió.

–¿Qué quieres decir con venderla? ¡Es una persona, no un caballo!

Los ojos azules de Iardo estaban muy tristes.

–Creo que hay muchas cosas que no sabes sobre el mundo –dijo–. Nunca has estado fuera de Cañada de las Aves, ¿verdad?

–No, no es seguro salir fuera del pueblo –dijo Ari.

–¿Por qué no es seguro?

–Porque en los otros pueblos ocurren cosas malas...

El líder bajó la mirada.

–Bueno, a veces las cosas malas te llegan a ti –dijo en voz baja.

Ari comenzó a llorar. «¿Por qué se había ido de su pueblo? ¡Tenía que haberse quedado en casa! ¡Todo era **culpa** de Desa! Y ahora..., ahora, Desa no estaba».

–Prepara tus cosas, Ari –dijo Iardo–. Nos vamos.

Anexo del capítulo 2

Resumen

Ari, Desa y Lumu viajan con los humanos y llegan a Ladera, un pueblo de montaña. Ladera es un pueblo peligroso. Hay muchos mineros y ladrones. Se ha hecho de noche, así que todos se quedan a dormir en un hotel. Se acuestan, pero en la habitación de los esligos entran dos personas. ¡Se llevan a Desa! Ari alerta a los humanos y persiguen a los secuestradores, pero los secuestradores escapan llevándose a Desa como prisionera. Ari, Lumu y los humanos se ponen en camino a Manantiales para intentar encontrarla.

Vocabulario

el/la minero/(a) miner
peligroso/-a dangerous
la manta blanket
la tienda de campaña tent
amarrar to tie up
mirar fijamente to stare
amenazar to threaten
traer to bring along
chocarse contra to crash into
secuestrar to kidnap
fornido/-a hefty, well-built
la oscuridad darkness
agarrar to grab
acercarse to approach, to get closer
alejarse to move away
regresar to return
atrapar to catch
obligar to force
la culpa blame

Preguntas de elección múltiple

Seleccione una única respuesta para cada pregunta.

6) El pueblo de Ladera está lleno de ____.
   a. mineros y criminales
   b. esligos
   c. caballos y joyas
   d. tiendas concurridas, restaurantes y casas

7) Iardo alquila cuatro habitaciones de hotel. Para ello, probablemente usa ____.
   a. su dinero
   b. su corona de oro
   c. amenazas
   d. sus caballos

8) ¿Quién no confía en Iardo?
   a. Desa
   b. Lumu
   c. Ekin
   d. Ari

9) ¿Qué se llevan los secuestradores?
   a. a Lumu y su manta
   b. la corona
   c. a Desa y su manta
   d. a Desa y la corona

10) De acuerdo con lo que dijo Sadido, el secuestrador confesó que ____.
   a. los mineros habían matado a Desa
   b. los mineros planeaban vender a Desa
   c. los mineros habían perdido a Desa
   d. los mineros se habían casado con Desa

Capítulo 3 – El mundo es un lugar peligroso

Les llevó dos días llegar a Manantiales. Era un hermoso pueblo junto al mar. Las playas de arena eran limpias y preciosas. El mar se veía calmado y lleno de vida. Pero había algo extraño en aquel pueblo. Estaba casi vacío. Había tiendas, almacenes, negocios, pero nadie los atendía. Estaban todos cerrados.

Desa todavía estaba desaparecida. Quizás estaba allí. Quizás el minero aún la tenía prisionera..., **a menos que** ya la hubiese vendido.

«Nunca había visto algo así» escribió Lumu. *«Cuando encontremos a Desa, ¡debemos irnos de aquí!»*

Ari estaba de acuerdo. Manantiales era un pueblo precioso y parecía un lugar perfecto. Pero no se sentía **cómodo** allí.

–Hay algo raro en este lugar –le dijo a Lumu–. ¿Puedes sentirlo?

Lumu se encogió de hombros. Los brillis no podían sentir muchas cosas. No eran personas muy sensibles.

Iardo los guiaba. Su caballo negro iba al frente. Parecía que sabía lo que hacía.

–¿Habéis estado aquí antes? –preguntó Ari.

–No.

–¿Dónde comenzaremos nuestra búsqueda?

Iardo parecía irritado. Llamó a Sadido con la mano. Sadido acercó su caballo al de su líder.

–¿Qué desea, mi señor? –Sadido le preguntó a Iardo. Iardo señaló a Ari.

–Explícale a este esligo hacia dónde estamos yendo.

Sadido miró a Iardo con sorpresa. Después se encogió de hombros y se volvió hacia Ari.

–Estamos yendo al mercado de **esclavos** –dijo Sadido–. Allí encontraremos a tu amiga Desa.

–¿Cómo sabes eso? –dijo Ari.

–Lo sabe –dijo Ekin– porque es inteligente.

Ari estaba cada vez más asustado. Tenía una sensación que no le **agradaba**.

–¿Y cómo sabes dónde está el mercado? ¡Dijiste que nunca habías estado en este lugar!

De repente, Ari se dio cuenta de algo: hasta entonces había visto muy poca gente en las calles de Manantiales. Pero en ese momento, alrededor de la entrada de un edificio cercano había un grupo de mineros hablando animadamente.

Miró hacia el interior del edificio por una gran ventana. Dentro había más mineros. Cerca del edificio también vio a un minero montado a caballo... ¡no, en realidad era un **burro**!

–Lo siento –dijo Iardo–, pero no he sido honesto contigo.

Señaló hacia la izquierda. No muy lejos, Ari vio una zona grande rodeada por una cerca. Parecía una **jaula** grande para animales. Dentro de la jaula había muchos esligos y otras criaturas. Eran prisioneros.

–Este hermoso pueblo tiene un gran mercado de esclavos, el más grande que conozco –dijo Iardo–.

Traemos a muchos esligos aquí. Puedes verlos en ese lugar. Y mira, ¡allí está tu amiga!

–¡Desa! –gritó Ari.

Desa estaba en la jaula. Estaba viva..., pero estaba **presa**.

–Vosotros trabajáis con los mineros –dijo Ari–. ¡Les estáis ayudando!

–A veces –dijo Iardo– les traemos a uno o dos esligos cuando venimos a Manantiales a comprar pistolas. Los mineros hacen muy buenas pistolas, ¿verdad, Ekin?

–Las mejores –dijo Ekin, apuntando una pistola muy buena hacia Ari.

–Ahora, vete –dijo Iardo sin sonreír.

Los humanos pusieron a Ari y a Lumu en la jaula. Desa corrió hacia sus amigos.

–¡Pensé que nunca iba a volver a veros! –dijo–. ¡Lo siento, todo esto es culpa mía!

–No digas eso –dijo Ari abrazándola. Miró a su alrededor. Había al menos cien esligos en la jaula.

–¿Cuánto tiempo lleváis aquí? –le preguntó a uno de los esligos.

–No mucho –dijo un joven esligo–. Hoy nos venderán.

–¿A quién nos venderán?

–No lo sabemos. Por cierto, me llamo Quelo. Mi hermano, Makán, está por allí.

Quelo apuntó a un pequeño esligo. Makán no **tenía buen aspecto**. Parecía enfermo.

–Tenemos que escapar –dijo Ari. Parecía que era uno de los esligos más viejos de la jaula.

–Lumu, ¿qué podemos hacer para salir de aquí?

Lumu frunció el ceño. No era un **luchador**. No era ingenioso. Pero luego vio que uno de los mineros caminaba hacia un burro. El minero hizo algo, pero Ari no lo vio.

Lumu sacó su libreta y escribió una nota: *«Está oscureciendo»*. Dibujó un burro y sonrió. *«Esperaremos hasta que llegue la madrugada»*.

Ari y Desa leyeron la nota. No comprendían.

Lumu dibujó una llave. Señaló el dibujo del burro. Ari miró hacia los burros de los guardias. Uno de ellos llevaba una pequeña bolsa de **cuero** colgada del lomo.

«¿Tal vez los guardias esconden las llaves de la jaula en esa bolsa?», se preguntó Ari.

Luego vieron cómo Iardo y sus hombres hablaban con los mineros. Los humanos se reían. Los mineros pagaron a Iardo. Luego Sadido sacó la corona de una bolsa. Los mineros estaban muy impresionados porque era una corona de oro de mucho valor. También le dieron dinero a Iardo por ella.

–Mintió sobre todo –dijo Desa–. ¡Iardo robó la corona como me robó a mí!

Iardo miró hacia Desa, como si la hubiese oído. Sonrió. Desa **escupió** en el suelo enfadada.

Más tarde esa noche, los humanos se marcharon con su dinero. Todos los esligos estaban durmiendo en el suelo. Los mineros se habían ido a casa, a excepción de algunos guardias. Casi todos los guardias estaban bebiendo y jugando a las cartas. Habían dejado algunos burros parados alrededor de la jaula. Los burros no estaban **atados** y podían moverse con libertad.

Cuando todo estaba en silencio, Lumu le dio un **golpecito** a Ari en el hombro. Ari les dio un golpecito a Desa y a Quelo. Ninguno estaba dormido. Solamente **fingían**. Poco a poco, todos los esligos se levantaron.

Lumu, el brilli, mostró la palma de su mano. La mano **brillaba** con una pequeña luz roja. Agitó la mano hacia donde estaban los burros y estos la miraron. Muy lentamente, caminaron hacia la jaula para ver qué era esa luz. Como todos los brillis, Lumu era muy bueno con los animales. Ellos lo adoraban y él los quería mucho.

Los burros caminaron hasta pararse a su lado. Lumu alargó la mano y le quitó la bolsa a uno de los burros. ¡La llave de la jaula estaba dentro de la bolsa!

–Entonces esto es lo que tú viste esta tarde, amigo mío –dijo Ari con alegría–. Tenías razón. ¡Lumu, lo has arreglado todo!

Lumu asintió con orgullo.

Le dio la llave a Ari y este abrió la jaula con rapidez. Era muy tarde y los guardias estaban durmiendo. Con cuidado, Ari y Desa les quitaron las armas y se las dieron a los otros esligos. Juntaron a todos los burros y lentamente se alejaron de la jaula. Finalmente, escaparon de Manantiales silenciosamente.

Al día siguiente, irían por el camino largo, rodeando las afueras de Ladera, y luego regresarían a Cañada de las Aves. Ari, Desa y Lumu les contarían a los demás lo que había pasado. Luego acompañarían a los otros esligos secuestrados de vuelta a sus pueblos.

Muy pronto, todos los pueblos se unirían. Muy pronto, formarían un **ejército** todos juntos. Pelearían con los mineros... y también con los humanos si tenían que hacerlo. Tenían que protegerse los unos a los otros. Ari, Desa y Lumu habían aprendido dos lecciones importantes. El mundo es un lugar peligroso y... ¡nunca, jamás, confíes en un humano!

Anexo del capítulo 3

Resumen

Ari y los demás llegan al pueblo del oeste llamado Manantiales, que se encuentra junto al mar. Es un pueblo muy bonito, pero hay algo raro. Muy pronto, Ari descubre el secreto de Iardo: ¡ha estado vendiendo prisioneros a los mineros porque los mineros necesitan esclavos! Iardo ha vendido a Desa a los mineros, y después vende a Ari y a Lumu también. Lumu consigue encontrar la llave de la jaula y todos los prisioneros se escapan. Vuelven a sus casas y reúnen un ejército. Lucharán contra los humanos y los mineros para protegerse.

Vocabulario

a menos que unless
cómodo/-a comfortable
el/la esclavo/(a) slave
agradar to please
el/la burro/(a) donkey
la jaula cage
preso/-a imprisoned
tener buen aspecto to look well
el/la luchador/(a) fighter
la madrugada dawn
el cuero leather
escupir to spit
atado/-a tied
el golpecito a light punch
fingir to pretend
brillar to shine
el ejército army

Preguntas de elección múltiple

Seleccione una única respuesta para cada pregunta.

11) ¿Cuál de las siguientes afirmaciones es falsa?
   a. Ari se encuentra a gusto en Manantiales.
   b. Ari piensa que Manantiales es un lugar bonito.
   c. El pueblo está casi vacío.
   d. Ari siente miedo.

12) Los mineros hacen muy buenas ____.
   a. armas
   b. joyas
   c. sopas
   d. cabañas

13) Iardo vendió a los esligos a los mineros. ¿Qué otra cosa vendió?
   a. algunos caballos
   b. algunas mantas
   c. una corona robada
   d. armas

14) Lumu vio que uno de los mineros guardó una llave ____.
   a. en la bolsa de un burro
   b. en la manta de un caballo
   c. en el bolsillo de otro minero
   d. en la mano de Sadido

15) Cuando los esligos regresan a casa, ____.
   a. organizan un baile
   b. luchan contra los humanos
   c. reúnen a muchos otros esligos para luchar
   d. deciden volver a Ladera

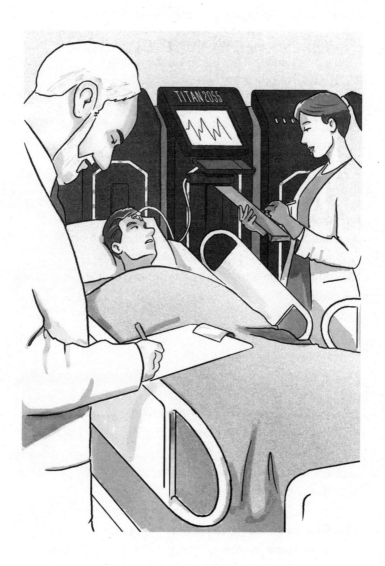

Mi amigo, el superordenador

Capítulo 1 – Una operación exitosa

–Felicidades, Tomás –me dijo la médica francesa.

Parecía muy joven para ser médica y era muy inteligente. También me parecía muy atractiva.

–La operación ha sido un éxito –dijo, sonriéndome–. Tu **cerebro** ya está **quirúrgicamente** conectado a nuestro superordenador.

–Ah –dije. Me sentía cansado. Había sido una operación larga–. ¿Puedo beber agua?

–Todavía no, Tomás. ¿Cómo te sientes?

–Tengo sed –dije–. Pero me siento bien. Es raro, pero no siento ningún dolor.

Estaba acostado en la cama de un hospital en Suiza. En la pequeña habitación donde descansaba había tres personas... y un ordenador negro gigante. El ordenador era más grande que un frigorífico. Era un superordenador: el más rápido y el más inteligente de toda Europa. Su nombre era Titán 2055 (2055 era el año en que lo habían construido) y ahora yo estaba conectado a ese ordenador.

–Por supuesto que no sientes dolor. El cerebro humano no puede sentir dolor –dijo la médica francesa con confianza mientras comprobaba las máquinas y los monitores.

El nombre de la doctora era Sheila Benoit. Era una de las creadoras de Titán 2055.

–Ahora relájate. Enseguida comenzaremos a **descargar los datos**.

Miré hacia el enorme ordenador. Contenía más información que todas las bibliotecas de la Tierra juntas. Comparado con Titán 2055, mi cerebro parecía muy pequeño y simple.

–¿Cuánta información descargaréis, doctora Benoit? –pregunté.

–¡Toda! –interrumpió el asistente de la doctora Benoit, el profesor Bidwell. Era mucho más mayor que ella y tenía la barba blanca y gafas–. ¿Por qué esperar? ¡Tu mente puede con todo ahora mismo!

La doctora Benoit le echó una mirada severa.

–No, no lo escuches, Tomás, **está bromeando** –dijo Benoit–. Por supuesto que tendremos mucho cuidado. Descargaremos la mayor cantidad de datos posible, pero será de una manera segura. No podemos hacerlo todo en un día.

–¿Corro el riesgo de morir? –pregunté–. ¿O es verdad que mi mente puede **manejar** toda esa información?

El profesor Bidwell miró a la joven doctora, y luego me miró a mí.

–Yo creo que no corres el riesgo de morir, pero es solo mi opinión. Yo no **estoy a cargo** de esta operación.

–No, no podría causar daños en tu cerebro, Tomás –coincidió Benoit–. Pero podrías **enloquecer** o podría causarte algunos problemas en tu cerebro. No sabemos cuánta información puede manejar tu mente, así que iremos despacio. No te **lastimaremos**, te lo prometo.

Sonrió y me dio una palmadita en la cabeza.

–Eres demasiado caro. No queremos hacerte daño.

Más tarde ese mismo día, comenzó el proceso de conexión con los datos. Poco a poco, la información fue transferida de Titán 2055 a mi cerebro. Al principio, no me di cuenta, pero luego tomé conciencia de los nuevos datos que había en mi cabeza. Se transfirieron a mi **memoria a largo plazo**. La información era nueva, pero parecía como si hubiese estado en mi cerebro desde hacía mucho tiempo.

Me estaban transfiriendo diferentes tipos de información: matemáticas, historia, ciencia, tecnología... También estaba recibiendo información sobre medicina, procedimientos de aplicación de leyes, tácticas de lucha, técnicas de arte dramático... ¡mucha variedad!

Pasaron tres horas. La doctora Benoit y el profesor Bidwell permanecieron sentados en silencio durante todo el tiempo. La tercera persona en la habitación era un **inversor**. Era muy mayor y vestía un traje **plateado** muy caro. Para caminar, necesitaba la ayuda de un **bastón**. No sé por qué, pero yo sabía que era el **dueño** de la Corporación SUPERHUMANO. Esta compañía de Suiza era la dueña del hospital y había corrido con los gastos del superordenador... y de mi operación.

–¿Queda mucho para terminar, Sheila? –preguntó el hombre en voz baja–. Dijiste que serían tres horas.

Apuntó hacia un reloj sobre la pared.

–Ya han pasado tres horas.

–Sí, señor –dijo–. Pronto terminaré el proceso de descarga y luego desconectaré a Tomás del ordenador.

–¿Cuándo terminarán las **pruebas**? –preguntó el inversor. Había gastado millones de euros en investigación y **desarrollo** y estaba ansioso por conocer los resultados del experimento.

–Le haremos pruebas a Tomás esta noche y mañana. Si su cerebro ha aceptado y absorbido la información que descargamos en su memoria a largo plazo, debería de **ser capaz de** pasar las pruebas –dijo la doctora Benoit.

–Luego volveremos a conectarlo –dijo el profesor Bidwell–. Transferiremos más información mañana y después más al día siguiente, y más al día siguiente y así sucesivamente.

–Excelente –dijo el inversor.

Se puso de pie para marcharse.

–Buen trabajo, Tomás –me dijo con una mirada extraña en sus ojos.

–Gracias –contesté. Por algún motivo, no podía recordar su nombre. Era muy raro porque sabía el nombre de su compañía y a lo que se dedicaba, e incluso había visto sus informes fiscales del año anterior. Pero no tenía ni idea de cómo se llamaba este hombre.

–Lo siento, pero no recuerdo su nombre.

–Está bien –dijo, saliendo de la habitación–. Ya no necesitas saberlo.

La doctora Benoit vio salir al inversor. Cuando ya había salido, se volvió hacia el profesor.

–¿Estás listo para comenzar el proceso de desconexión? –le preguntó mientras examinaba los gráficos.

–¿Estás segura de que no quieres darle a Tomás un poquito más de información? –preguntó el profesor Bidwell.

La doctora negó con la cabeza.

–Ya ha tenido suficiente. No podemos arriesgarnos. **Apaguemos** la transferencia de datos y desconectemos el sistema.

El profesor Bidwell pulsó el botón de una gran máquina y me miró mientras decía:

–Buenas noches, Tomás.

De repente, me dio sueño. Todo se oscureció. No sé cuánto tiempo estuve dormido. Tuve sueños largos y **desagradables**..., pesadillas de guerra y sufrimiento, de muerte y destrucción. Finalmente me desperté y abrí los ojos. Por encima de mi cabeza se veían el cielo y las nubes.

«¡Qué extraño! ¿Todavía estoy soñando?» me pregunté. «¿Dónde está el techo?»

Luego giré la cabeza y vi la habitación. La habían destruido. Rápidamente me senté en la cama y miré a mi alrededor. La doctora Benoit estaba en el suelo, muerta. El profesor Bidwell había desaparecido. El superordenador negro, Titán 2055, estaba en buen estado. ¡Todavía estaba encendido y me **suministraba** información!

Continué mirando a mi alrededor, pero el resto del hospital ya no existía. Una bomba enorme o algo parecido había explotado y había destruido todo el hospital mientras yo dormía. A lo lejos, oí que alguien pedía ayuda. Más allá, oí el sonido de los coches de policía que se acercaban.

«Debe de haber sido algún tipo de ataque terrorista», pensé. Luego mis pensamientos se volvieron más negativos. «¿O esto ha sucedido por mi culpa? ¿Alguien ha intentado matarme?», me pregunté.

Me levanté de la cama y miré a mi alrededor. Mientras caminaba hacia el ordenador, pensaba «Pobre doctora Benoit. Tan joven. Tan guapa. No tenía que haber muerto. Nadie tenía que haber muerto».

«Quien sea que lo haya hecho, ha cometido un gran error», decidí mientras caminaba. Me desconecté de Titán 2055. «No estoy muerto, así que voy a descubrir quién ha asesinado a toda esta gente... ¡y pagarán por ello!»

Anexo del capítulo 1

Resumen

Tomás se encuentra en la habitación de un hospital en Suiza. Está quirúrgicamente conectado a un superordenador. Su médica, la doctora Benoit, y el asistente de la doctora, el profesor Bidwell, están transfiriendo información desde el ordenador, Titán 2055, al cerebro de Tomás. También hay un inversor en la habitación, pero se marcha antes de que terminen. Tomás se queda dormido cuando los doctores desconectan el ordenador. Cuando Tomás se despierta, ve que el hospital ha sido destruido por una bomba y su médica está muerta.

Vocabulario

parecer to seem

el cerebro brain

quirúrgicamente surgically

descargar los datos to download data

bromear to joke

manejar to manage

estar a cargo to be in charge

enloquecer to go crazy

lastimar to hurt

memoria a largo plazo long-term memory

el/la inversor/(a) investor

plateado/-a silvery

el bastón walking stick

el/la dueño/(a) owner

la prueba test, proof

el desarrollo development

ser capaz de to be able to

apagar to switch off

desagradable unpleasant

suministrar to supply

quien sea que lo haya hecho whoever did it

Preguntas de elección múltiple

Seleccione una única respuesta para cada pregunta.

1) Cuando Tomás se despierta de la operación, ¿cuántas personas hay en la habitación, incluido Tomás?

a. dos

b. tres

c. cuatro

d. cinco

2) ¿De dónde proviene parte del nombre de Titán 2055?

a. de su color

b. del año en que lo construyeron

c. del año actual

d. ninguna de las opciones anteriores

3) ¿Por qué motivo la doctora Benoit opina que deben tener cuidado?

a. Porque han gastado mucho dinero en Tomás.

b. Porque han gastado mucho dinero en Titán.

c. Porque está enamorada de Tomás.

d. Porque su asistente le dice que deben actuar más lentamente.

4) ¿Por qué quieren parar el proceso de descarga después de tres horas?

a. Porque el inversor está aburrido y quiere un descanso.

b. Porque Tomás está cansado y quiere parar.

c. Porque demasiada información podría ser peligrosa para Tomás.

d. Porque demasiada información podría darle sueño a Tomás.

5) En un principio, ¿qué piensa Tomás que sucedió en el hospital?

a. Se produjo una explosión de gas.

b. Hubo un incendio.

c. Ocurrió un accidente.

d. Hubo un ataque terrorista.

Capítulo 2 – Un vaso de agua

–¿Qué recuerda sobre la explosión, señor Ramírez?

–Ya se lo he dicho –dije, sentado en la comisaría de policía. Estábamos en una habitación pequeña con un **espejo** grande y una cámara de vídeo **enfocada** hacia mí. Había una mesa de metal entre la policía y yo–. Llámeme Tomás. Y no recuerdo nada sobre la explosión porque estaba dormido.

La policía rubia **estaba grabando** nuestra conversación. Tenía un **auricular** en el oído. Alguien le estaba diciendo lo que tenía que preguntarme. Quizás era alguien que estaba sentado al otro lado del espejo.

–¿Tiene alguna idea de quién hizo explotar el hospital? –preguntó la agente de policía. Tenía un acento suizo muy fuerte, pero su gramática española era buena–. ¿Alguna idea? –repitió–.

Miré a la cámara que me estaba grabando.

–La policía no debería **jugar a las adivinanzas** –dije–. ¿Si tengo alguna idea? Por supuesto. Fue alguien de la compañía.

–¿Qué compañía? –preguntó–. ¿La Corporación SUPERHUMANO?

–Por supuesto. ¿Qué otra compañía hay? –pregunté sacudiendo la cabeza–. Sí. Estoy hablando de alguien de la compañía que pagó por el experimento.

La policía me miró fijamente.

–Eso no tiene sentido –dijo con una mirada seria–. ¿Por qué iba a destruir el jefe de la compañía su propio trabajo?

–¿Cómo sabe que estoy hablando del jefe? –pregunté–. Acaba de decir «el jefe».

La policía **parpadeó** e ignoró mi pregunta.

–¿Piensa que es una coincidencia que usted **haya sobrevivido** y que los demás hayan muerto?

–No creo que haya sido un accidente –dije, poniéndome de pie–. No creo en las coincidencias. Una bomba destruyó el hospital por completo, pero yo sobreviví. Creo que eso fue hecho **a propósito**.

Había terminado el interrogatorio. La policía me pidió que me sentase, pero yo me negué.

–Le he dicho que se siente, señor Ramírez –repitió.

–Y yo le he dicho que me llame Tomás –añadí, caminando hacia el espejo–. Hay tres personas sentadas al otro lado de este espejo –dije mirándolo fijamente–. Una de ellas trabaja para SUPERHUMANO. Esa persona le está diciendo lo que tiene que preguntarme.

–¿Por qué dice eso? –preguntó la agente.

Sin embargo, su cara me decía todo lo que yo necesitaba saber. Su expresión me decía la verdad: yo tenía razón.

–Me marcho –dije–. El interrogatorio se ha terminado. Abra la puerta.

–Tomás, todavía debemos hacerle algunas preguntas... –me dijo la agente con nerviosismo.

–No necesita hacerme más preguntas. Ya sabe la respuesta a todo lo que me ha preguntado –le expliqué mientras intentaba abrir la puerta.

La puerta estaba cerrada. Al lado había un teclado numérico. Sin pensarlo, **introduje el código** y la puerta se abrió.

–Usted sabe quién hizo explotar el edificio. Y usted sabe por qué lo hizo –dije mirándola desde la puerta.

No intentó **detenerme**.

–¿Por qué? –preguntó.

Me giré y señalé mi cabeza.

–Para crearme a mí –le expliqué y salí de la habitación.

En las afueras de la ciudad había un **canal de noticias**. Me subí a un taxi y le pedí que me llevara allí tan rápido como fuera posible.

Los medios de comunicación estaban encantados de recibirme. Organizamos una rueda de prensa rápida por la tarde y muchos canales de noticias y periódicos enviaron a sus periodistas. Decidí contarles a todos una historia fantástica de forma gratuita.

–¿Seguro no quieres recibir dinero a cambio de tu historia? –me preguntaron. Les resultaba difícil creerlo.

–Solamente quiero que le cuenten la verdad al público. ¡La gente debe saber la verdad! El dueño de SUPERHUMANO quiso matar a mi médica. Quiso hacer que pareciera un ataque terrorista, pero yo sé que fue él.

–Pero, ¿qué razón tendría para hacer eso? –intervino un reportero.

–Porque así el experimento nunca terminaría. Estuve conectado al superordenador durante muchas horas, mucho más tiempo de lo debido. Mi médica, la doctora Benoit, quería tener cuidado. Ella solo quería descargar cantidades pequeñas de datos al principio y cuando intentó parar el experimento, entonces...

–Pero tú realmente piensas... –dijo el reportero.

–No lo pienso –interrumpí–. Lo sé. Sé que el dueño de SUPERHUMANO quería **mantenerme conectado** al superordenador durante mucho más tiempo. Él y el profesor Bidwell querían llevarme al límite para saber cuánta información puede contener una mente humana.

–¿Cuánta puede contener? –me preguntó otro periodista.

Le sonreí.

–Demasiada –dije.

Pensé por un momento, y después continué.

–Tu nombre es Miguel Santiago Vallejos, estás casado y tienes una hija.

Continué diciéndole su edad, su dirección y los nombres y la dirección de sus padres. Sabía en qué universidad había estudiado, qué **notas** había sacado y quiénes eran sus amigos en las **redes sociales**.

Al final, le dije el número de la matrícula de su coche y cuántas infracciones de tráfico había cometido el año anterior. También le dije que debería dejar de fumar.

–¿Cómo sabes que fumo? –me preguntó.

–Está en tus informes médicos –le expliqué con una sonrisa.

Después de una breve investigación sobre el incidente, no arrestaron al dueño de la compañía. Según la policía, no había pruebas de que tuviese algo que ver con la explosión. Concluyeron que la explosión había sido un accidente y que no se había cometido un asesinato.

Una vez que se publicó el informe de la investigación, el dueño de SUPERHUMANO incluso me pidió que nos encontrásemos en su oficina en privado.

–Hijo mío, no puedes ir por ahí haciendo estas acusaciones que no tienen sentido –me dijo, ofreciéndome una bebida.

–Guárdese su bebida. No confío en usted.

–Muy bien –me dijo, sentándose en una silla cercana–. Pero si dices una sola palabra más sobre mí, te **demandaré**.

–Hágalo, no tengo dinero –dije con seguridad. Pero sabía que estaba mintiendo. No me demandaría si hablaba. Probablemente, en lugar de eso, haría que me mataran–. ¿Sabe? –continué–. Es extraño. Lo sé casi todo de todo el mundo, pero no puedo recordar su nombre. Aun cuando la gente me lo dice, **se me olvida**. ¿Por qué sucede eso?

–No sabría decirte por qué –dijo encogiéndose de hombros–. Tal vez sea un fallo. Algún tipo de error en el funcionamiento de tu cerebro. Tienes tanta información nueva dentro de la cabeza, que probablemente te olvides de algunas cosas.

–Claro, qué pena que mi médica esté muerta, ¿no? –dije mirando hacia un lado mientras andaba hacia la ventana.

–Mira, Tomás... ya te lo he dicho –dijo suspirando profundamente–. Yo no tengo nada que ver con la muerte de la doctora Benoit. **Deja de culparme**.

–De acuerdo. ¿Y dónde está el profesor Bidwell? –pregunté–. No se ha encontrado su cuerpo.

–Esa es una buena pregunta –dijo el hombre, mientras servía un vaso de agua–. La policía me dijo que lo siguen buscando. Quizás él es el responsable.

–¿De verdad? ¿Eso es lo que piensa? –dije con sarcasmo. ¡No podía creer a ese tipo! Sabía que, de alguna manera, los dos estaban trabajando juntos.

El hombre me dio un vaso.

–Toma, al menos bebe un poco de agua.

Observé el vaso. El anciano parecía tener mucho interés en que lo bebiera. Se puso de pie para alcanzármelo.

–Bien –dije, estirando la mano izquierda hacia el vaso.

Deslicé el pie izquierdo detrás del anciano, como un **anzuelo**. Con la mano derecha, le empujé la cara con todas mis fuerzas. **Tropezó** y **se cayó**.

Salté sobre él, y le eché el agua **envenenada** sobre la boca abierta. Trató de **escupirla**, pero le cerré la boca. Finalmente **se la tragó**.

El cuerpo del anciano **tembló** durante unos minutos, luego dejó de moverse para siempre.

–Qué extraño –dije–. La gente siempre dice que debemos beber agua, pero mira lo que sucede cuando lo haces.

Me levanté del suelo y salí deprisa de la habitación.

Anexo del capítulo 2

Resumen

Tomás va a la comisaría donde la policía le interroga. Después de algunas preguntas, Tomás decide que alguien de SUPER-HUMANO está haciendo las preguntas a través de la agente y se va. Luego convoca una rueda de prensa en un canal de noticias. Le dice a un periodista que cree que el dueño de la Corporación SUPERHUMANO ha causado la explosión del hospital. La policía investiga el incidente y concluye que no ha habido un asesinato. El dueño le pide a Tomás que vaya a su oficina. Le amenaza con demandarle si Tomás no deja de acusarle de haber asesinado a la doctora Benoit. Tomás le pregunta dónde está el profesor Bidwell. El hombre no lo sabe. Le ofrece a Tomás un vaso de agua, pero en lugar de bebérselo, Tomás se lo hace beber a él. El hombre muere a causa del agua y Tomás se va.

Vocabulario

el espejo mirror
enfocar to focus
grabar to record
el auricular earpiece
jugar a las adivinanzas to play a guessing game
parpadear to blink
sobrevivir to survive
a propósito on purpose
introducir un código to enter a code
detener(se) to stop
el canal de noticias news station
mantener conectado/-a to keep connected
las notas grades, marks
la red social social network

demandar to sue
olvidar(se) to forget
dejar de culpar to stop blaming
deslizar to slide
el anzuelo hook
tropezar to trip
caerse to fall down
envenenado/-a poisoned
escupir to spit
tragar(se) to swallow
temblar to tremble, shiver

Preguntas de elección múltiple

Seleccione una única respuesta para cada pregunta.

6) ¿Por qué habla Tomás con los periodistas?
    a. Para cobrar dinero por su historia.
    b. Para hacerse famoso.
    c. Para enfrentarse con el dueño de SUPERHUMANO.
    d. Para contarle al público la verdad sobre la explosión.

7) ¿Por qué Tomás sabe todo acerca de uno de los periodistas?
    a. Porque a Tomás le descargaron mucha información.
    b. Porque Tomás leyó un informe sobre el periodista durante el almuerzo.
    c. Porque Tomás conoce a esta persona desde la universidad.
    d. Ninguna de las opciones anteriores.

8) ¿Qué opina Tomás acerca del profesor Bidwell?
    a. Que no está involucrado para nada en la explosión.
    b. Que está trabajando para Titán 2055.

c. Que está muerto.

d. Que está trabajando con el dueño de SUPERHUMANO.

9) ¿Por qué el dueño quiere que Tomás beba algo?

a. Porque piensa que Tomás tiene sed después de la operación.

b. Porque Tomás está cansado y frustrado.

c. Porque quiere envenenar a Tomás.

d. Porque quiere demandar a Tomás.

10) ¿Cómo consigue Tomás que el dueño se beba el agua?

a. Engaña al dueño para que la beba.

b. Los dos beben un poco de agua.

c. Tomás le cambia las gafas.

d. Tomás le echa el agua en la boca al anciano.

Capítulo 3 – Un cambio de parecer

«Muy bien. Ahora la policía me persigue», pensé.

No era mi intención matar al dueño de la Corporación SUPERHUMANO. Todo lo que hice fue darle de beber su propia agua. ¿Eso me convierte en un mal tipo? Ya no importa. Ahora soy un fugitivo. Si la policía no me encuentra, SUPERHUMANO me encontrará. Todo lo que yo intentaba hacer era contarle al mundo lo que me había sucedido..., pero no pude terminar mi historia. No pude decirles que ya no soy completamente humano. La transferencia de información con Titán 2055 me ha transformado exactamente en lo que SUPERHUMANO quería: un «super humano».

Mi médica está muerta, así que no tengo forma de **deshacer** lo que hicieron. La única persona que podría ayudarme es el profesor Bidwell y él todavía está desaparecido, pero tal vez pueda encontrarlo.

¡Ahora soy muy inteligente! De hecho, ahora soy la criatura **viviente** más inteligente sobre la Tierra (Titán no cuenta, no está vivo).

Finalmente, tardé solo dos días en encontrar a Bidwell. Tuve que viajar al otro lado del planeta. Bidwell **estaba escondido** en la isla de Guam, en el Pacífico. Es un buen lugar para esconderse, ya que está tan lejos de Europa..., pero es una isla muy pequeña. Cualquier extraño se haría notar en algún momento. Y no era difícil, debido a la posibilidad de acceder a todas las transacciones de las **tarjetas de crédito**, del hotel, del alquiler del coche y de otros tipos de información. Una vez que estás allí, no tienes dónde esconderte.

–¿Cuánto te pagó? –pregunté, sentado en el pecho de Bidwell.

–**¡Quítate de encima!** –dijo–. No puedo respirar.

–Si estás hablando, es porque puedes respirar –contesté–. ¡Ahora, habla!

–¿Qué quieres saber sobre Zenón?

–¿Él es el dueño de SUPERHUMANO? ¿Se llama Zenón?

–Sí, pero te olvidarás de su nombre. Está programado en ti. No quiere que tú sepas quién es.

–Ya veo. ¿Entonces trabajabas para él?–le pregunté.

–Sí –respondió Bidwell en voz baja.

–Bien, no creo que le preocupen mucho los nombres ahora –dije–. El hombre está muerto.

Bidwell estaba conmocionado.

–¿Lo has matado? –preguntó en voz baja.

Le estaba presionando las **muñecas** con los pies, pero presioné con más fuerza. El profesor gritó.

–No he matado a nadie –dije en voz alta–. Él me dio un vaso de agua. Se lo hice beber. El agua debía estar envenenada.

–Entonces lo has matado –dijo el profesor apartándose con incredulidad–. ¡No inventes excusas! ¡Eres un asesino!

–¡Y tú también! –dije, poniéndome de pie–. Le ayudaste a hacer explotar el hospital, ¿no?

–No –dijo sacudiendo la cabeza–. Lo **juro**, no sabía que lo haría.

–Pero desapareciste. No estabas allí cuando el lugar explotó.

–Zenón se había ido. Luego me llamó para que me encontrara con él fuera. –Bidwell estaba intentando sentarse. Le resultaba difícil respirar–. Salí para encontrarme con él, y en ese momento el hospital explotó. Después, **hui**. Tenía miedo.

–¿Miedo de qué? –le pregunté.

–Miedo de que la policía me culpara, ¡como lo estás haciendo tú ahora!

–Pues parece sospechoso. ¿No crees? –le pregunté–. Huiste de la escena del crimen.

El profesor se puso de rodillas con dificultad. Buscó sus gafas en el suelo. Las tenía yo.

–Las necesito –dijo dulcemente.

–¡Ya! Y yo necesito saber cómo deshacer el experimento –dije con **rabia**–. No quiero ser tan inteligente. No puedo pensar por mí mismo, hay demasiada información en mi cerebro. No tengo pensamientos propios. Ya no soy una persona normal.

–A muchas personas les encantaría tener lo que tú tienes –dijo–. Yo soy una de ellas.

–Eso es porque no lo tienes –dije mientras intentaba calmarme–. Si fueras como yo, me entenderías. Es horrible. La doctora Benoit tenía razón. La descarga de datos se debería de haber hecho poco a poco.

Bidwell suspiró.

–¿Qué quieres de mí, Tomás? –comenzó a decir–. **Lo hecho, hecho está.** El laboratorio se ha destruido y todo el equipo y toda la investigación ya no existen. Sheila está muerta. No podemos volver atrás en el tiempo.

Me paré a pensar por un momento. Él tenía razón. No podíamos volver atrás en el tiempo y deshacer lo que se había hecho. Finalmente lo miré.

–No todo el equipo se ha destruido –dije, dándole las gafas–. Titán 2055 no está dañado.

–Entonces tal vez deberías estar hablando con él, no conmigo –respondió Bidwell mientras limpiaba sus gafas.

–Qué coincidencia –dije, marchándome–. Estaba pensando exactamente lo mismo.

El viaje en avión de regreso a Suiza desde Guam fue muy largo, pero estaba contento de volver. Viajaba con una identidad falsa para que la policía no pudiera seguirme. Cuando llegué a Suiza, fui a buscar a Titán 2055. Lo habían sacado del hospital en ruinas, por supuesto, pero yo sabía dónde estaría: dentro del edificio de la Corporación SUPERHUMANO.

Esperé hasta la noche, luego **forcé** la entrada del edificio. Titán estaba **encerrado** en una habitación segura, pero me resultó fácil entrar. **Encendí** el sistema del ordenador y comencé a hablar con Titán en su propio idioma: el código informático.

–El profesor Bidwell dijo algo interesante –le dije a Titán–. Dijo que no se puede volver atrás en el tiempo.

–Correcto –indicó Titán–. Viajar atrás en el tiempo no es posible con nuestros recursos actuales.

–Entonces, para estar seguro, ¿no hay manera de regresar y cambiar lo que sucedió en el hospital? –le pregunté. Tenía que estar seguro.

–No. Es imposible. No podemos **retroceder** en el tiempo. La única opción es avanzar –respondió Titán.

–Ya veo, entonces voy a necesitar tu ayuda, Titán... –dije. Iba a ser una noche larga.

Juntos, trabajamos con un código matemático para hacer que la transferencia de datos fuera menos agotadora para mi cerebro. No fue difícil, pero había partes que mi cerebro no podía entender. Titán tuvo problemas con algunas partes de pensamiento más creativo, pero trabajamos en equipo y resolvimos el problema.

Bidwell, por supuesto, tenía razón. No había manera de volver atrás y cambiar lo que había sucedido. Nunca podría vivir mi antigua vida. Pero esta mala noticia tuvo un efecto positivo. Me hizo cambiar de opinión. Si no podía volver, tenía que **seguir adelante**. Tenía que aceptar mi nueva vida y mi nuevo potencial.

Volví a conectar mi mente a Titán, pero esta vez, en lugar de descargar datos del superordenador, me subí yo mismo a Titán.

Tenía miedo al principio. No tenía ni idea de cómo sentiría esta nueva conciencia o cómo sería la vida sin un cuerpo. Pero una vez que **me fusioné** con Titán 2055, no quería volver. No quería cambiar el pasado. No quería vivir una vida corta en un cuerpo cuando podía vivir para siempre en una máquina. Quería experimentar algo nuevo. Más importante aún, ya no quería ser solo «Tomás Ramírez» porque ahora, ni siquiera era un transhumano. Yo era algo más. Algo que no puedo explicarte... porque todavía eres solo un humano. No puedes procesar o incluso entender el concepto. Pero no te preocupes. Titán y yo tenemos una solución para tu problema. Podemos **arreglarte**. Podemos hacerte mejor. Hoy, solo eres un humano, pero si tenemos éxito con nuestros planes, no lo serás por mucho tiempo...

Anexo del capítulo 3

Resumen

Tomás encuentra al profesor Bidwell escondido en la isla de Guam. Le pregunta a Bidwell si le puede ayudar a cambiar lo que sucedió y hacer que vuelva a ser humano. Bidwell le explica que no puede, pero que Titán 2055 sobrevivió la explosión. El profesor sugiere que Tomás le pregunte al superordenador. Tomás regresa a Suiza y encuentra a Titán 2055. Decide aceptar convertirse en un ordenador y él mismo se sube a Titán 2055. Ahora están trabajando juntos en un plan para convertir a otros humanos en ordenadores.

Vocabulario

deshacer to undo
viviente alive
estar escondido/-a to be hidden
la tarjeta de crédito credit card
¡Quítate de encima! Get off me!
la muñeca wrist
jurar to swear
huir to run away
la rabia rage
Lo hecho, hecho está. What is done cannot be undone.
forzar to force
encerrado/-a locked in
encender to turn on
retroceder to go back
seguir adelante to carry on, to move ahead
fusionar(se) to fuse (together)
arreglar to mend, to fix

Preguntas de elección múltiple

Seleccione una única respuesta para cada pregunta.

11) El profesor Bidwell se escondía ____.
    a. en una isla cerca de Europa
    b. en un bote
    c. en una cabaña en la montaña
    d. en una isla en el océano Pacífico

12) ¿Bidwell trabajaba para Zenón?
    a. Sí, juntos hicieron explotar el hospital.
    b. Sí, pero Bidwell no le ayudó a hacer explotar el hospital.
    c. No está claro.
    d. No.

13) Tomás dejó a Bidwell en la isla de Guam porque ____.
    a. Bidwell no podía ayudarlo
    b. Bidwell le apuntó con una pistola
    c. Bidwell trató de envenenarlo
    d. Bidwell quería ayudarlo

14) ¿Qué pensaba Titán 2055 sobre viajar en el tiempo?
    a. Era algo fácil.
    b. Ya se había hecho antes.
    c. Era posible a través un agujero negro.
    d. Era algo imposible.

15) ¿Por qué Tomás decide convertirse en un ordenador?
    a. Porque decidió olvidar su pasado.
    b. Porque tenía miedo de ser humano de nuevo.
    c. Porque quería probar algo nuevo.
    d. Porque Titán 2055 estaba dañado y necesitaba su ayuda.

Matt Magee y la receta secreta de refresco

Capítulo 1 – Una excursión aburrida

La señora Flickner miró a Matt enfadada mientras le **regañaba** por tercera vez en 30 minutos.

–Matthew –dijo–. No me hagas decírtelo otra vez. ¡Quédate con el grupo! Esta fábrica de refrescos es muy grande y estamos aquí en una excursión escolar. Si alguno de los trabajadores de la fábrica te encuentra en un pasillo como ese, donde se supone que no deberías de estar porque no es parte de la visita, vas a tener un problema con ellos... ¡y más conmigo!

Matt le echó a la señora Flickner su mirada más inocente y sonrió. Él sabía que era una sonrisa bonita, pero ella **frunció el ceño** aún más.

–Sí, señora Flickner –dijo–. Lo siento. Estoy muy emocionado por estar aquí. Uy... por cierto, ¿cuándo podremos probar algún refresco?

La señora Flickner frunció el ceño un segundo más antes de **dejar escapar un suspiro**.

–Al final de la visita, Matthew –dijo–. Y solo al final.

Sacudiendo la cabeza, la señora Flickner volvió al frente de la fila de estudiantes. Luego le indicó al guía que continuara. La amiga de Matt, Elaine, **se apresuró** caminando hacia Matt y se rio en su cara.

–Te dije que no te separaras del grupo –dijo–. Te dije que la señora Flickner se enfadaría.

Matt le puso mala cara y siguió caminando. Él y el resto de su clase del instituto estaban recorriendo una de las fábricas de refrescos más grandes del mundo llamada Marca Burbujeante. Esta empresa fabricaba 12 tipos diferentes de refrescos que se vendían en todas partes, y su nuevo sabor, Cola Cola, era la «cosa nueva más de moda». A la gente le gustaba tanto, que a Marca Burbujeante le costaba **abastecer** los estantes de las tiendas con la nueva bebida. Y, por supuesto, todas las otras fábricas de refrescos estaban desesperadas por tener la **receta**.

Pero a Matt no le interesaba nada de eso. Se sentía atrapado en una excursión larga y aburrida. Se suponía que la excursión le iba a enseñar muchas cosas sobre los grandes negocios, la ciencia y muchos otros aspectos de la empresa, pero a Matt realmente no le importaba nada todo eso.

La primera sala que habían visto se llamaba Sala del Azúcar. Era donde se hacían el **jarabe** y los aromas para los refrescos. Se suponía que era interesante, pero a él simplemente le olía mal y le había hecho **estornudar**.

La segunda sala se llamaba Sala de las Burbujas. Era donde mezclaban y carbonataban las bebidas, pero para él, era solo una sala llena de **toberas** poco emocionante.

La tercera sala, la Sala de las Botellas, era donde se ponía el refresco en botellas. ¡Había tanto ruido dentro, que lo único que quería era taparse los oídos con los manos y salir de allí corriendo!

A esas alturas de la excursión, lo único que le interesaba a Matt era conseguir un refresco gratis, ¡pero la visita continuaba! Por eso se había alejado del grupo sin pensárselo dos veces para ir a mirar algo extraño en el pasillo lateral. Pero su profesora le había pillado. Y ahora, en la siguiente sala no se veía nada más interesante, a pesar de que era el laboratorio.

–¡**Me aburro** tanto! –**gimió** con frustración.
–¿Por eso te escondiste en el pasillo? –le preguntó Elaine.
–No –dijo Matt a la defensiva–. Me pareció ver a un chico que **pasaba a escondidas** por allí.
Elaine levantó las cejas sorprendida.
–¿Que pasaba a escondidas? –preguntó–. ¿Qué quieres decir?
Matt siguió contándole a Elaine los detalles de lo que había visto.
–Sí. Ese chico estaba como pasando a escondidas –dijo–. ¿Me entiendes? Estaba **caminando de puntillas** y escondiéndose, haciendo un esfuerzo para que nadie lo viera...
–Sí, claro –dijo Elaine con sarcasmo–. ¿Por qué pasaría alguien a escondidas por ahí?
–¡Eso es lo que querría saber yo! –Matt dijo con entusiasmo–. Por eso fui a ese pasillo. Solo pude **echar un vistazo** rápido antes de que la señora Flickner me pillara. Parecía que el chico estaba intentando entrar en una de las salas.

–¿Y qué más da? –preguntó Elaine–. Probablemente era un guardia de seguridad o algo así.

–Tal vez, pero parecía que no tenía llave. Tenía una cosa en la mano, parecía un palo –explicó Matt.

Elaine **desvió la mirada** y se volvió hacia el guía turístico.

Matt pensó en aquella situación. Quizás fuera un guardia de seguridad. Quizás había olvidado su llave. Pero no se lo creía. Por un lado, los guardias de seguridad llevaban uniformes, y ese **tipo** iba vestido todo de negro, como si quisiera pasar desapercibido. Por otro lado, ese chico había estado mirando a su alrededor como si tuviera miedo de que le pillaran. Y por último, estaba intentando entrar en una sala cerrada usando una herramienta, no una llave. Además, el guía turístico acababa de decir que las recetas del refresco de Marca Burbujeante **tenían mucho valor**, especialmente la de Cola Cola. Precisamente por eso, se mantenían en secreto y se guardaban en una sala especial. ¡Tal vez aquel tipo estaba intentando **robar** la receta secreta de refrescos de Cola Cola para venderla a empresas competidoras!

–Voy a volver y echar un vistazo –le dijo Matt a Elaine mientras se daba la vuelta–. ¡Es posible que ese tipo esté intentando robar algo, quizás la receta secreta del refresco de Cola Cola! Vale mucho dinero.

–¡Matt, no lo hagas! –**susurró** Elaine–. ¡**Te meterás en problemas** otra vez!

–No lo haré si me ayudas –dijo –. Tardaré un segundo, nada más. Y oye, si tengo razón y evito que ese tipo robe la receta, tal vez obtenga refrescos gratis de por vida, ¿no?

Matt se dio la vuelta con una sonrisa mientras Elaine intentaba detenerlo, pero su amigo iba demasiado rápido. Ya estaba caminando rápidamente en silencio hacia la puerta del pasillo lateral donde había visto al chico. Cuando Matt llegó cerca de la puerta, **se detuvo**.

El hombre vestido de negro todavía estaba allí, frente a la puerta, pero ahora había un segundo hombre a su lado. Los dos estaban intentando hacer algo con el **pomo** de la puerta. El primer hombre parecía estar enfadado y no dejaba de susurrarle al otro hombre, que al parecer, le estaba diciendo que tenía que ir más rápido. ¡Inmediatamente Matt se dio cuenta de que los dos hombres estaban intentando entrar en la sala!

–**Apúrate**, Jim –susurró el segundo hombre impaciente–. ¡Abre esa puerta!

–¡En eso estoy! –dijo el primer hombre–. La cerradura está muy dura.

Matt se escondió detrás de un mueble que había en el pasillo y se dio la vuelta para acercarse a su grupo. Tenía que decirles a la señora Flickner y al guía turístico que alguien estaba intentando robar la receta secreta de refrescos. Pero cuando Matt volvió, ¡su clase se había ido! Se apresuró a volver al pasillo y vio a Elaine y a toda la clase entrando en una sala al final del pasillo. Corrió por el pasillo y cuando casi había llegado a la puerta, vio que esta se cerraba y escuchó un fuerte «clac».

Ahora la puerta estaba cerrada con llave. Por mucho que Matt tirara de ella, no podría abrirla. Justo a su derecha había un monitor de vídeo que mostraba la imagen de una cámara de seguridad situada al otro lado de la puerta. En el monitor, Matt vio que la clase estaba entrando en una sala. Recordó que en un momento dado, el guía turístico había dicho que el laboratorio era muy ruidoso. Sabía que no podrían oírle por mucho que **golpeara** la puerta.

–Genial –dijo Matt para sí mismo–. Ahora, ¿qué voy a hacer?

Se quedó allí un segundo y pensó. Si buscaba a alguien que le ayudara a evitar que los dos tipos robaran la receta secreta de refrescos, probablemente sería demasiado tarde. Pero no podía dejar que se fueran con la receta. Al menos tenía que intentar evitarlo.

Por mucho miedo que le diera pensarlo, Matt sabía que él era el único que podía hacer algo al respecto... y no podía esperar más.

–Ayyy–dijo para sí mismo–. ¡Vamos!

Matt se dirigió hacia la puerta donde había visto a los dos hombres.

Anexo del capítulo 1

Resumen

Matt es estudiante de secundaria. Él y sus compañeros de clase están de excursión en la fábrica de refrescos Marca Burbujeante. Durante la visita por la fábrica, Matt se da cuenta de que un hombre extraño está intentando entrar en una sala. Matt se mete en problemas cuando se separa de la clase para ver qué está haciendo ese hombre. Ve a otro hombre también. Piensa que podrían estar intentando robar la receta popular del refresco de Cola Cola. No hay tiempo para buscar ayuda, así que Matt se va solo para intentar detener a los dos hombres.

Vocabulario

regañar to tell off, to scold
fruncir el ceño to frown
dejar escapar un suspiro to let out a sigh
apresurarse to hurry
abastecer to supply
la receta recipe
el jarabe syrup
estornudar to sneeze
la tobera nozzle
aburrirse to get bored
gemir to moan
pasar a escondidas to sneak in
caminar de puntillas to walk on tiptoes
echar un vistazo to take a look, to have a look
desviar la mirada to look away
el/la tipo/(a) guy/girl
tener mucho valor to have a lot of value
robar to steal
susurrar to whisper

meterse en problemas to get into trouble

detener(se) to stop

el pomo knob

apurarse to hurry up

golpear to hit

Preguntas de elección múltiple

Seleccione una única respuesta para cada pregunta.

1) ¿Por qué no se les permite a los estudiantes ir por el pasillo lateral?

   a. Porque el laboratorio es peligroso.

   b. Porque allí es donde se guardan las recetas secretas de refrescos.

   c. Porque hacen demasiado ruido.

   d. Porque no es parte de la visita.

2) La Cola Cola es un refresco descrito como la «cosa nueva más de moda» porque ____.

   a. es una bebida picante

   b. es una bebida dulce

   c. es una bebida popular

   d. es una bebida caliente

3) ¿Cómo se llama la compañía de refrescos donde están haciendo la visita?

   a. Cola Cola

   b. Sala de las Burbujas

   c. Flickner Soda

   d. Marca Burbujeante

4) ¿Qué es lo que Matt percibe primero en el pasillo?
   a. un hombre pasando a escondidas
   b. un hombre en el laboratorio
   c. latas de refrescos derramados por el suelo
   d. una mujer que abre una puerta

5) ¿Por qué no pudo Matt volver con sus compañeros de clase y continuar con ellos la visita?
   a. Porque la señora Flickner le dijo que se quedara donde estaba.
   b. Porque sus compañeros desaparecieron y no sabía adónde se habían ido.
   c. Porque se marcharon del edificio.
   d. Porque entraron en una sala que después quedó cerrada.

Capítulo 2 – ¡Atrapado!

Matt volvió a caminar hacia la puerta de la sala donde había visto entrar a los dos hombres. Cuando llegó cerca de la puerta, vio que los hombres ya no estaban. A Matt le entró el pánico pensando que ya hubieran salido con la receta. Corrió hacia la puerta para echar un vistazo más de cerca. Justo cuando estaba a punto de coger el pomo de la puerta, esta se abrió.

Era difícil decir quién estaba más sorprendido en ese momento: Matt o el hombre vestido de negro. Los dos saltaron y soltaron un grito de sorpresa. Al hombre de negro **se le cayó** un paquete que aterrizó justo a los pies de Matt. Sin pensarlo, Matt extendió el brazo y levantó el paquete del suelo, lo **metió debajo de** su camisa y **se giró** para correr por el pasillo.

–¿Qué ha sido eso? –oyó Matt que preguntó otro hombre que apareció en la puerta.
–¡Un niño! –respondió el hombre vestido de negro, y Matt se dio cuenta de que la voz estaba muy cerca detrás de él. Miró por encima del hombro y vio que uno de los hombres lo **perseguía**–. ¡Se lleva la receta secreta del refresco!
–¡¿Qué?! –gritó el otro hombre–. Pues, ¡**atrápalo**!
Matt corría lo más rápido que podía. El pasillo no era largo, pero en cuanto llegó a la puerta que había al fondo, se dio cuenta de que, en su prisa por escapar, había

corrido en dirección opuesta a donde estaba su clase. Pero ahora **no había marcha atrás**, así que intentó abrir la puerta. Por alguna razón, ¡esta sí que estaba abierta! No se lo pensó dos veces: abrió la puerta desconocida.

Una explosión de ruido penetró los oídos de Matt, e inmediatamente se dio cuenta de que estaba en la Sala de Embotellado. La sala estaba llena de **cintas transportadoras** y miles de botellas pasaban por ellas. Otras máquinas hacían mucho ruido al colocar las tapas en los cuellos de las botellas. Otro tipo de máquinas vertía líquido en las botellas, y otras emitían fuertes **zumbidos** mientras hacían su trabajo, lo cual no hacía más que incrementar el ruido.

Matt se quedó en el **umbral** de la puerta durante un segundo antes de entrar corriendo en la sala. **Pasó por debajo de** la primera cinta transportadora y empezó a **arrastrarse** por el suelo entre las patas metálicas de las máquinas. Miró por encima del hombro y vio a los dos hombres de negro entrar en la sala. Matt se arrastró más rápido aún. Uno de los hombres empezó a abrirse paso por las cintas transportadoras hacia la puerta al otro lado de la sala. ¡Iba a **cortarle el paso** a Matt!

Matt volvió a mirar hacia atrás. El otro hombre había empezado a **gatear** detrás de él por debajo de las cintas transportadoras. Sin pensar mucho en lo que estaba haciendo, Matt se puso de pie y cogió una botella. Se la tiró tan fuerte como pudo al hombre que corría hacia la puerta. Su intención era golpear al hombre en el hombro, pero apuntó mal. La botella se rompió contra la pared. El hombre se detuvo y gritó con **ira**. Los pedazos de vidrio debieron de alcanzar al hombre, porque se detuvo con un grito de ira. Cuando se giró hacia Matt, el joven vio que el hombre tenía varios cortes en la cara y **estaba sangrando.**

Matt lo miró sorprendido, pero de repente, pegó un salto **asustado** al sentir que una mano le agarraba del tobillo.

–¡Ya te tengo! –dijo victoriosamente el otro hombre vestido de negro.

Matt le dio una patada fuerte en uno de los ojos con el **talón** de su zapato. El hombre emitió un grito de dolor, soltó un «¡Uuuffff!» y soltó el pie de Matt.

Matt no se quedó esperando. Corrió, esta vez **deslizándose** entre las cintas transportadoras, hacia una de las puertas de la sala. Al alcanzarla, miró hacia atrás y vio que el hombre que estaba debajo de las cintas transportadoras se había puesto de pie y caminaba hacia él con una expresión de ira. El hombre al que había golpeado con la botella también se había acercado mucho. La sangre le caía por la cara. Matt dejó escapar un grito. Rápidamente abrió la puerta y corrió a la siguiente sala.

La siguiente sala, la Sala de las Burbujas, era algo más silenciosa, aunque seguía habiendo el zumbido constante de las máquinas, así como el sonido líquido ocasional. Era como si estuviera metido en un **acuario**. El guía turístico les había dicho que el sonido provenía de la soda líquida que se estaba carbonatando. Había diales y toberas a lo largo de las paredes. Al pasar por la sala la primera vez, Matt se había preguntado qué pasaría si se giraran esos diales. Ahora sonrió mientras los encendía uno tras otro. Para su satisfacción, los diales abrieron válvulas en las **boquillas** y empezaron a **derramarse** varios jarabes y agua carbonatada. Cuantos más diales giraba, más líquido se derramaba por el suelo.

La puerta que estaba detrás de Matt se abrió y los dos hombres vestidos de negro entraron corriendo. Dieron tres pasos en la sala y después pisaron el líquido que había en el suelo. La superficie estaba **resbaladiza** debido a la combinación de jarabe y agua. En cuanto sus pies pisaron el líquido, comenzaron a **resbalarse** por todos lados. Matt no pudo evitar **mirarlos fijamente** mientras intentaban mantener el equilibrio. Uno de ellos **agitaba los brazos** en el aire desesperadamente, mientras que el otro movía las piernas hacia delante y hacia atrás. El primero **se cayó** de espaldas. Las piernas del otro se fueron en direcciones opuestas al caerse al suelo en una posición que parecía muy dolorosa.

–¡Jajaja! –se rio Matt.
Los dos hombres gimieron como respuesta. Matt se dio la vuelta y caminó con confianza hacia otra puerta. Les había ganado, y lo sabía. La receta secreta de refrescos estaba a salvo y él había solucionado el problema. ¡La señora Flickner estaría muy orgullosa! Intentó abrir la puerta, pero esta no se movió. Tiró más fuerte, pero aun así no se abría. ¡Estaba bloqueada! Le entró el pánico y miró por encima del hombro a los dos hombres vestidos de negro. Estaban tumbados delante de la otra puerta de salida. No podría salir por allí. ¡Los hombres lo tenían atrapado!

Anexo del capítulo 2

Resumen

Matt vuelve para ver qué hacen lo hombres que parecían querer entrar a escondidas en una de las salas. Los sorprende saliendo de la sala cerrada con un paquete. Matt se guarda el paquete y entra corriendo en la sala más cercana que no está cerrada con llave. Los hombres lo persiguen a través de la Sala de Embotellado. Matt le lanza una botella a uno de ellos y le da una patada al otro para poder escapar. Después, Matt entra en la Sala de las Burbujas donde enciende todas las toberas y los diales. El suelo se vuelve muy resbaladizo porque se derraman jarabes y agua carbonatada, y los dos hombres se caen. Matt cree que puede escapar sin peligro, pero cuando intenta abrir la puerta más cercana, se da cuenta de que está cerrada.

Vocabulario

caerse a alguien algo to drop something
meter debajo de to put under
girarse to turn around
perseguir to chase
atrapar to catch
no había marcha atrás there was no going back
la cinta transportadora conveyor belt
el zumbido buzz
el umbral threshold
pasar por debajo de to pass under
arrastrarse to pull oneself along on the stomach
cortar el paso a alguien to cut someone off
gatear to crawl
la ira wrath
sangrar to bleed
asustado/-a scared

el talón heel
deslizarse to slide
el acuario aquarium
la boquilla nozzle
derramarse to spill
resbaladizo/-a slippery
resbalar to slip
mirar fijamente to stare
agitar los brazos to wave
caerse to fall down

Preguntas de elección múltiple

Seleccione una única respuesta para cada pregunta.

6) ¿Qué le arroja Matt a uno de los hombres vestidos de negro?
   a. una lata de refresco
   b. la tapa de un refresco
   c. una botella de refresco
   d. un paquete

7) ¿Qué pareja de palabras de la historia tiene un significado parecido?
   a. resbaladizo – deslizante
   b. un grito de sorpresa – se rompió contra
   c. con éxito – desesperadamente
   d. mirar fijamente – sangrar

8) ¿Cómo consigue soltarse Matt del segundo hombre vestido de negro?
   a. Le tira una botella.
   b. Rompe una botella sobre su cabeza.
   c. Le salpica con un refresco.
   d. Le da una patada en el ojo.

9) ¿Qué pasa cuando Matt gira los discos en la Sala de las Burbujas?

a. Se derraman refrescos y jarabe.

b. Absolutamente nada.

c. Solo se vierte agua carbonatada.

d. La cinta transportadora empieza a moverse.

10) ¿Por qué Matt no puede salir de la Sala de las Burbujas?

a. No puede ver la salida porque está oscuro.

b. Uno de los hombres vestidos de negro lo ha atrapado.

c. La puerta está cerrada.

d. Solo hay una puerta de salida y los hombres están delante de ella.

Capítulo 3 – Matt soluciona el problema

Los dos hombres comenzaron a levantarse lentamente mientras los ojos de Matt buscaban otra salida en la sala. Los dos comenzaron a andar lentamente hacia Matt. No podían avanzar más rápido debido a lo resbaladizo que estaba el suelo. De hecho, a cada paso que daban, se resbalaban y se agarraban el uno al otro para **mantenerse de pie**.

Matt siguió buscando con la mirada, pero no había otra salida desde la sala. Sabía que los dos hombres le alcanzarían en unos momentos, así que se volvió hacia la puerta cerrada detrás de él y comenzó a **golpearla**.
–¡Socorro! –gritó–. ¡Ayúdenme! ¡Abran la puerta!
Siguió golpeando la puerta, pero nadie venía en su ayuda.
–Niño estúpido –oyó que decía uno de los hombres vestidos de negro–. Cuando te pille, te voy a...

Matt cerró los ojos y golpeó la puerta aún más fuerte. ¿Cómo podría ser que no hubiera nadie en todo el edificio? Miró por encima del hombro y vio que los dos hombres **estaban** casi **encima de** él. Solo unos pocos pasos más y serían capaces de cogerlo. Con un último esfuerzo desesperado, tiró del pomo de la puerta lo más fuerte que pudo. De repente, alguien abrió la puerta desde el otro lado. Estaba tan sorprendido que casi se cayó de espaldas. ¡Era Elaine!

–¡Matt! –exclamó–. ¿Que estás haciendo aquí? ¿Por qué estabas golpeando la puerta? **Estamos listos** para irnos y me enviaron a buscarte y...

Matt no la escuchó. Empujó a Elaine a la sala de al lado e intentó cerrar la puerta detrás de ellos.

–¡Corre, Elaine! –gritó.

¡La puerta no se cerraba! Finalmente, vio por qué: uno de los hombres había llegado en el último momento y había metido algo en la puerta para evitar que se cerrara. Matt dejó escapar un **chillido** de miedo. Luego se volvió hacia Elaine y la empujó de nuevo.

–¡Corre! –gritó de nuevo.

–Matt... ¿qué está pasando? –preguntó y echó a correr–. ¿Quiénes son esos hombres?

–¡Te lo dije! ¡Están intentando robar la receta! –gritó Matt y echó a correr detrás de ella.

Después de unos segundos, Matt miró por encima del hombro y vio que la puerta estaba abierta y que uno de los hombres estaba entrando en la sala.

–¡¿Qué?! –exclamó Elaine–. ¿Entonces eso era verdad? ¿Tenías razón?

En su voz se notaba que ahora estaba realmente asustada.

Matt no respondió. Acababa de darse cuenta de la sala en la que estaban: la Sala del Azúcar. Había bolsas de azúcar colocadas en **pilas** a lo largo de las paredes y grandes **cubas** de jarabe burbujeaban a cada lado de la sala. Matt se acercó a una de las cubas y dio una vuelta a su alrededor. Apoyó su hombro contra ella y la empujó hacia adelante lo más fuerte que pudo. La cuba empezó a volcarse poco a poco hasta que finalmente se cayó. Un enorme **chorro** de jarabe caliente se derramó por todo el suelo, justo enfrente de los dos hombres. Elaine dejó escapar un fuerte chillido.

Inmediatamente Matt salió corriendo hacia la puerta que estaba en el otro extremo de la sala. Estaba a punto de llegar a la puerta cuando sintió una mano fuerte en el hombro. Uno de los hombres le había atrapado. ¡Debió de haber saltado por encima del jarabe caliente!

–¡Ya te tengo! –dijo el hombre, tirando de la camisa de Matt con fuerza y arrastrándolo–. ¡Devuélveme esas recetas!

Matt intentó dar patadas y golpear al hombre, sin éxito. No sabía qué hacer. Parecía que **no tenía escapatoria**. Lo habían atrapado, y no había manera de imaginar qué podría hacerle ahora el ladrón.

De repente, una nube de polvo blanco les **rodeó**. El hombre se **quedó sin aliento** por la sorpresa y sin querer, **inhaló** el polvo blanco. Sin más, empezó a toser y a estornudar, y soltó a Matt.

Matt se giró lo más rápido que pudo y vio a Elaine parada allí con una bolsa de azúcar **finamente molido** en la mano. La había abierto y había tirado el azúcar en la cara al hombre. Matt le echó una gran sonrisa y luego la empujó suavemente hacia la puerta. Los dos salieron corriendo de la sala, y pronto se encontraron en el área de la oficina principal. Toda la clase de Matt estaba reunida en un grupo, y la señora Flickner los estaba mirando fijamente.

–¿Matthew? –dijo–. ¡¿Se puede saber qué estás haciendo?!

Matt se miró y se dio cuenta de que estaba cubierto de polvo blanco. Parecía un **fantasma**. Metió la mano debajo de la camisa y cogió el paquete pequeño. Lo abrió y sacó la receta secreta de refrescos que había dentro. Sin decir nada, se acercó a su profesora y al guía turístico y se la entregó.

–Hay dos hombres en la Sala del Azúcar que han intentado robar la receta secreta de Cola Cola –explicó Matt a la señora Flickner–. Me estaban persiguiendo y tuve que escapar.

Después se volvió hacia el guía de Marca Burbujeante y dijo:

–Humm..., lo siento, pero puede que haya roto algunas cosas por el camino.

La señora Flickner miró a Matt **dubitativa** y el guía frunció el ceño. Pero antes de que cualquiera de los dos pudiera decir algo, dos hombres de negro salieron corriendo de la Sala del Azúcar. Uno de ellos estaba cubierto de polvo de azúcar blanco, y ambos tenían jarabe **pegajoso** en los zapatos y en los pantalones. Los compañeros de clase de Matt empezaron a gritar con miedo.

–¡Seguridad!– gritó el guía.

Unos momentos después dos guardias de seguridad llegaron corriendo desde la entrada de la oficina. Los guardias **apresaron** a los dos ladrones y los sacaron de la oficina.

Matt sonrió mientras la clase lo rodeaba y todos empezaron a gritar.

–No sé qué ha pasado, pero gracias – dijo el guía–. ¡Parece que Matt de verdad lo ha arreglado!

Le sonrió y se fue a hablar con los responsables de la compañía de refrescos.

La señora Flickner puso una mano sobre el hombro de Matt y lo miró seriamente.

–Lo que hiciste ha sido muy peligroso, Matthew – dijo–. Podrías haberte hecho daño.

–Lo sé... –respondió Matt–. Pero no podía dejar que se llevaran la receta secreta de refrescos y no tuve el tiempo de pedir ayuda. No habría sido justo dejarlos **escapar**, así que hice lo que pude para detenerlos.

La señora Flickner sonrió a Matt.

–No, no habría sido justo dejarlos escapar –dijo –. Supongo que hiciste lo correcto.

Matt le devolvió la sonrisa.

Un momento después, el guía regresó con un carrito lleno de vasos de refrescos. Había una gran variedad de sabores, desde limón hasta naranja y uva, y por supuesto Cola Cola. El guía empezó a repartir refrescos a la clase. Matt cogió un vaso de Cola Cola y tomó un buen trago. Luego, la señora Flickner levantó un vaso y sonrió.

–Un brindis por Matt Magee y la receta secreta de refrescos –dijo mientras la clase aplaudía–. ¡Disfruta de tu Cola Cola Matt, te la **has ganado**!

Anexo del capítulo 3

Resumen

Matt está atrapado en la Sala de las Burbujas con los dos ladrones. No puede abrir la puerta para salir y los dos ladrones se están acercando a él. Empieza a golpear desesperadamente la puerta. De repente, Elaine abre la puerta. Los dos amigos corren hacia la Sala del Azúcar para huir, pero los hombres vestidos de negro mantienen la puerta abierta y empiezan a perseguirlos. Uno de ellos agarra a Matt mientras se dirige hacia la puerta opuesta. De repente, Elaine le tira una bolsa de azúcar fina a un hombre, lo cual le hace toser y estornudar. Elaine y Matt se escapan y llegan a la oficina principal. Explican todo a su profesora y al guía, y los hombres son atrapados cuando salen de la Sala del Azúcar. Todo el mundo toma un vaso de refresco para celebrar el éxito de Matt.

Vocabulario

mantenerse de pie to stay standing, to stay on one's feet
golpear to hit
estar encima de (alguien) to be very close to someone
estar listo/-a to be ready
el chillido shriek, scream
la pila pile
la cuba barrel
el chorro jet or stream of liquid
no tener escapatoria to have no escape
rodear to surround
quedarse sin aliento to get out of breath
inhalar to inhale
finamente molido/-a finely ground
el fantasma ghost
dubitativo/-a doubtful
pegajoso/-a sticky

apresar to capture, to catch
escapar to run away
ganar to win

Preguntas de elección múltiple

Seleccione una única respuesta para cada pregunta.

11) ¿Cómo abrió Matt la puerta de la Sala de las Burbujas?
   a. Tiró la puerta abajo.
   b. Encontró una llave.
   c. El hombre vestido de negro había abierto la puerta para salir de allí.
   d. Elaine le abrió la puerta.

12) Encuentra estas palabras en el texto e identifica la palabra que tiene un significado distinto de las otras.
   a. exclamar
   b. chillido
   c. gritar
   d. golpear

13) ¿Cómo se escapó Matt del hombre que le agarró por la camisa?
   a. Elaine le echó azúcar molido en la cara.
   b. Matt le dio una patada en la cara.
   c. Matt volcó una cuba de jarabe.
   d. Matt le tiró una botella.

14) ¿Qué pasó con los dos ladrones?
   a. Se escaparon sin la receta.
   b. Robaron la receta secreta del refresco.
   c. Los guardias de seguridad se los llevaron.
   d. Se les encerró en La Sala del Azúcar.

15) ¿Cómo se sintió la señora Flickner al final de la historia?
   a. Estaba contenta de haberlo encontrado a salvo.
   b. Al principio se enfadó con Matt, y luego se sintió
      agradecida cuando descubrió lo que había sucedido.
   c. Estaba muy estresada por la visita.
   d. Todavía estaba enfadada con Matt por haberse
      separado del grupo.

El pueblo de Calavera

Capítulo 1 – Un forastero llega al pueblo

El Lejano Oeste era famoso por su larga historia **sangrienta**. Deadwood, Dakota del Sur; San Antonio, Texas; Tombstone, Arizona... Había muchos pueblos peligrosos y sin ley. En algunos casos, el sheriff del pueblo era la persona más poderosa. Era el responsable de mantener el orden público.

Pero no todos los pueblos tenían un sheriff.

Por ejemplo, ¡Calavera, en Oklahoma! En Calavera no había sheriff, ni leyes, ni reglas. No era un pueblo civilizado en absoluto y cada uno hacía simplemente lo que quería.

Había **apuestas**, peleas, bebida y otros **vicios** durante el día y la noche, siete días a la semana. La mayoría de los días herían o asesinaban a alguien antes del desayuno. ¡Algunos días había peleas durante la hora del desayuno!

Aun así, el pueblo de Calavera seguía **creciendo** cada año. Y cada año, había un criminal nuevo que llegaba e intentaba tomar el control del pueblo. Intentaba convertirse en el jefe de Calavera y controlar a todos los habitantes del lugar.

Para controlar a los criminales del pueblo, debías de ser más duro que los otros criminales. Para hacer dinero, debías desearlo más que los demás.

Por eso los jefes nunca permanecían demasiado tiempo en Calavera. ¡Siempre peleaban, les pegaban y **se escapaban** del pueblo!

Hasta que un día, a finales del otoño, un **forastero** llegó al pueblo.

Los habitantes de Calavera vieron que el hombre había llegado y supieron inmediatamente que traería problemas. **Se dieron cuenta** cuando lo vieron entrar en el pueblo **montado a caballo**. El caballo era pálido, más blanco que la leche. El hombre tenía la cara **curtida** como el **cuero**, la piel bronceada por el sol y un bigote negro enorme que le llegaba hasta debajo de los labios. Las cejas eran casi tan **tupidas** como el bigote.

–¿De dónde crees que ha venido ese hombre? –le preguntó el dueño de la tienda a su amigo, Marty, mientras continuaba observando al forastero sentado en el banco que había en la calle.

Marty era el dueño del bar que estaba al otro lado de la calle. El bar se llamaba Salón Brisas de la Pradera.

–No es de por aquí –dijo el dueño del bar–. Parece forastero. Viene dispuesto a pelear.

–Pues bien, Marty, ¿de qué país crees que es? –preguntó el dueño de la tienda.

Marty **alzó** las manos. No lo sabía.

Los dos hombres miraron al forastero mientras él **ataba** su caballo blanco a un poste. El sol se estaba poniendo y el viento ya era frío. El forastero llamó a un chico joven y le dio una moneda diciendo:

–Chico, cuida de mi caballo.

Después miró lentamente alrededor del pueblo. Un sombrero de **vaquero** grande y marrón le cubría los ojos, pero sin lugar a dudas, estaba examinando todo lo que había alrededor.

De repente, el forastero miró directamente a Marty, el dueño del bar.

–Dime. Si tú estás sentado aquí, ¿quién cuida tu bar? –preguntó. Tenía un acento muy fuerte, sonaba como una persona de otro país.

–Normalmente intento quedarme fuera –dijo Marty fríamente–. En mi bar, los clientes beben lo que quieren y pagan lo que quieren. Si no, hay problemas.

–¿Qué quieres decir con «problemas»?

–Quiero decir que ya han matado a tiros a los tres últimos dueños del Salón Brisas de la Pradera.

–Vuelve al bar –dijo el hombre–. Voy a entrar. Y no me gusta servirme mis propias bebidas.

El dueño del bar miró al forastero. No era corpulento, pero tampoco era pequeño, y era musculoso, aunque su cuerpo era delgado. Llevaba pistolas a ambos lados de su cintura.

–Forastero –dijo Marty–, iré al bar, pero no empieces a crear problemas con la gente del pueblo. No quiero tener problemas.

–Yo tampoco quiero problemas –dijo el hombre–. Por eso no habrá ninguno.

El dueño del bar cruzó la calle caminando lentamente. Dentro del Salón Brisas de la Pradera había una docena de hombres. Algunos estaban jugando a las cartas. Otros estaban sentados en las mesas, **sosteniendo** vasos o botellas. El resto estaba sentado en la larga **barra** de madera del bar hablando en voz alta. Cuando vieron entrar al dueño del bar, todos **se detuvieron**.

–¡Sal de aquí, Marty! –dijo uno de los hombres sentados en la barra. Era alto y tenía el cabello castaño, largo y rizado. También tenía barba. Llevaba ropa **desgastada** y **olía** muy mal. Dejó su **taburete** y se puso de pie.

–Estamos poniendo nuestro dinero en la barra. Nos servimos lo que queremos beber, así que no te necesitamos.

–Está bien –dijo el dueño del bar–, solamente vine a ver cómo andaban las cosas.

El hombre de **rizos** a quien llamaban «Curly» caminó hacia Marty. Le puso una mano sobre el pecho y empezó a hablar despacio.

–Te dije que no te necesitamos. No hay nada que tengas que ver. Ahora vete.

Los amigos de Curly se rieron.

–Sí, ¡déjanos solos, viejo! –dijo uno de ellos.

Marty frunció el ceño y se dio la vuelta para salir a la calle. Pero en ese momento, entró el forastero. Miró al hombre de cabello rizado y dijo con voz profunda:

–Camarero, hoy he viajado muchos kilómetros a caballo. Tengo mucha sed. **No te quedes** ahí **parado** y sírveme una bebida.

Curly escupió en el suelo y dijo con rabia:

–¡No soy el camarero!

–Entonces, ¿dónde está el camarero? –respondió el forastero–. ¡Estoy cansado de esperar!

Curly señaló a Marty.

–Este es el camarero, pero no lo queremos aquí dentro.

–Está bien –dijo el forastero–. Si él se va, entonces tú puedes servirme mi bebida. ¡Ya!

–Esto es demasiado, forastero. Los forasteros no son bienvenidos aquí –dijo Curly mientras buscaba y finalmente sacaba su pistola–. Nadie se ríe de mí así...

Pero no tuvo la oportunidad de terminar la frase. El forastero se le echó encima. El sombrero de Curly salió disparado cuando el forastero lo **empujó** y le **retorció** el brazo. Mientras Curly **se quejaba** del dolor, el forastero le **susurró** algo en el oído. Curly se dio la vuelta para quejarse, pero el forastero le retorció todavía más el brazo. Curly **gritó** y el forastero le susurró algo al oído de nuevo. Esta vez Curly asintió. Cuando el forastero lo soltó, Curly recogió su sombrero, dejó su pistola en una mesa y salió del bar tan rápido como pudo.

El forastero puso la pistola de Curly en su cinturón y miró a su alrededor.

–Me llamo Erkek Tex y soy el nuevo jefe del pueblo. Así que decidme, ¿quién va a ser el camarero? –preguntó.

Todos apuntaron nerviosamente a Marty. Parecía que las cosas iban a cambiar en Calavera.

Anexo del capítulo 1

Resumen

El pueblo de Calavera, en Oklahoma, es un lugar muy peligroso del lejano Oeste porque no hay sheriff. No hay nadie a cargo del pueblo. Pero un día, un forastero misterioso llega al pueblo. Le pide a Marty, el dueño del bar del pueblo, que entre en el bar. Marty no quiere entrar porque los criminales controlan el bar y no quieren que Marty esté allí. Marty y el forastero entran en el bar. Uno de los clientes llamado Curly saca su pistola al ver que el forastero quiere beber algo. El forastero agarra a Curly y le retuerce el brazo. Después le susurra algo al oído a Curly y este sale corriendo del bar. Después, el forastero pone la pistola de Curly en su cinturón, y se presenta como Erkek Tex diciendo que es el nuevo jefe de Calavera.

Vocabulario

sangriento/-a cruel, bloody
la apuesta bet
el vicio vice, bad habit
crecer to grow
escaparse to run away
el/la forastero/(a) stranger, outsider
darse cuenta to notice, to realize
montar a caballo to ride a horse
curtido/-a tanned
el cuero leather
tupido/-a thick
alzar to raise up, to lift
atar to tie
el/la vaquero/(a) cowboy/cowgirl
sostener to hold
la barra bar

detenerse to stop

desgastado/-a worn out

oler to smell

el taburete stool

el rizo curl

no te quedes parado/-a don't just stand there

empujar to push

retorcer to twist

quejarse to complain

susurrar to whisper

gritar to shout

Preguntas de elección múltiple

Seleccione una única respuesta para cada pregunta.

1) El pueblo de Calavera está en ____.
   a. Oklahoma
   b. México
   c. Deadwood, Dakota del Sur
   d. España

2) Marty es el dueño ____ del pueblo.
   a. de la tienda
   b. del establo para caballos
   c. del bar
   d. de la peluquería

3) ¿De qué color es el caballo de Tex?
   a. blanco
   b. marrón
   c. negro
   d. gris oscuro

4) ¿Por qué Marty está sentado fuera del bar cuando llega el forastero?

a. Porque confía en sus clientes.

b. Porque tiene miedo de sus clientes.

c. Porque no tiene ningún cliente.

d. Porque hay una persona dentro que sirve a los clientes.

5) ¿Por qué saca una pistola Curly?

a. Porque el forastero quiere una bebida.

b. Porque el forastero se ríe de él.

c. Porque Marty ha entrado en el bar.

d. Porque Marty no le quiere dar otra bebida.

Capítulo 2 – Diablo Audaz

–Este pueblo no es lo **suficientemente** grande para los dos –dijo «Diablo Audaz», este era el **sobrenombre** de Noel Cruz, mientras **golpeaba** la mesa con la mano.

Diablo Audaz era un **bandido** del estado de Texas. La policía lo buscaba en varios estados por haber cometido muchos delitos diferentes. De hecho, en la mayoría de los pueblos había carteles de «SE BUSCA» con su cara que ofrecían una **recompensa** de hasta 500 dólares si alguien lo capturaba, pero eso no iba a **ocurrir**.

Diablo Audaz estaba cansado ser un fugitivo. Estaba cansado de que le persiguieran, de la vigilancia y de esperar. Por eso, se había ido a un lugar donde la ley no existía. **Se había mudado** a Calavera, Oklahoma. En Calavera, vivía muy bien. Organizaba algunas partidas de cartas y compraba y vendía oro. A veces, ayudaba a introducir armas o licor **de contrabando** desde México. Tenía una buena vida. No tenía miedo y tampoco tenía que **preocuparse** pensando que el sheriff podía llamar a su puerta.

Pero a veces, llegaban forasteros al pueblo, como el maldito Tex. Querían tomar el control. Querían ser los que mandaban en el pueblo. Querían hacer dinero y crear problemas. A Diablo Audaz no le gustaba eso. No quería que nadie le **estropeara** sus negocios. ¡Ni que maltratara a sus hombres! ¡El maldito forastero había logrado sacar a Curly del pueblo!

Sobre todo, Diablo Audaz no quería que nadie se hiciera cargo del pueblo porque si alguien lo hacía, se empezaría a organizar todo. Si las cosas se empezaban a organizar, el pueblo llamaría la atención.

A nadie en Oklahoma le importaba Calavera, así que dejaban al pueblo en paz. Era demasiado pequeño para que la ley le prestase atención, pero si alguien empezaba a hacer mucho dinero o a crear problemas, comenzaría a llegar más gente. El pueblo ya estaba creciendo más de lo que Diablo Audaz quería.

–Tenemos que ocuparnos de este nuevo personaje –le dijo a su esposa.

El matrimonio vivía en una pequeña **cabaña de troncos** en las afueras del pueblo, en una extensión de varios acres de tierra. Nadie iba a visitarlos jamás, pero a veces ellos iban al pueblo a comprar provisiones. Sabían que en el pueblo se habían producido cambios y que el negocio de Diablo estaba empezando a dar **pérdidas.** Su negocio había crecido muy rápidamente en el pasado, y había muchas posibilidades de hacer más dinero, pero desde que Erkek Tex había llegado las cosas habían cambiado.

–No te metas con Erkek Tex –dijo su esposa, Ayita, mientras cocinaba un **guiso**–. Solo lleva aquí cuatro meses. Pronto **se cansará** de este lugar y se marchará.

–No lo creo –dijo Diablo Audaz, limpiando su rifle cuidadosamente. La mayoría de los criminales del pueblo llevaban armas. La mayoría llevaban revólveres o pistolas porque eran más pequeños y más cómodos para caminar con ellos, pero a Diablo Audaz no le importaba. Un rifle largo era más **potente**, y además, él era rápido con esta arma. De hecho, era tan rápido con el rifle como la mayoría de los otros vaqueros lo eran con sus revólveres.

Pero Diablo raramente usaba su arma a menos que fuese necesario. No quería matar a nadie. «Cuando matas a una persona, siempre hay problemas», pensaba. «Algún **pariente** del muerto aparecerá. Intentarán matarte. O serás un fugitivo de la ley...» No. Mejor ser legal e intentar mantenerme así. Eso ha funcionado bien así hasta ahora.

–Tex se parece un poco a mí –dijo Diablo–. Le gusta estar aquí, en un lugar sin mucha población y nadie a quien **molestar**. Pero también es como otros hombres. Quiere tener una reputación y quiere controlar este pueblo.

Ayita usó una cuchara larga para servir un poco de guiso en un **cuenco**. Estaba muy caliente. Puso el cuenco sobre la mesa y dijo en voz baja:

–Come tu cena –dijo.

–No tengo hambre –respondió Diablo.

–Deja el rifle –dijo–. Ya está limpio. Nunca lo usarás. Ven a comer.

Diablo Audaz dejó el **trapo** que estaba usando para limpiar y apoyó el rifle contra la pared. Se levantó de su silla y fue hasta la mesa.

–Óyeme, mujer. Sé muy bien de lo que estoy hablando. Ese maldito hombre tiene grandes planes para este lugar. Tiene gente que trabaja con él. Se han abierto nuevos negocios y el mío está dando pérdidas. Pronto, el pueblo será dos veces más grande y luego la policía comenzará a venir a Calavera. Alguien se dará cuenta de que no hay sheriff en el pueblo. Y este será el fin de nuestra buena vida en este lugar.

Ayita puso otro cuenco de guiso caliente para ella sobre la mesa y luego trajo un poco de pan.

–Tal vez tú podrías ser el sheriff.

El Diablo se rio.

–¿Yo? ¡Jaja! Soy un fugitivo, ¡mujer! Seis sheriffs me están buscando. ¡Me buscan por haber cometido muchos delitos!

Después sacudió la cabeza y dijo:

–No hay ley para mí. Y tampoco hay necesidad de la ley en Calavera.

–Entonces debes **permanecer** escondido. No busques problemas con el forastero –le respondió su mujer.

Diablo Audaz arrancó un pedazo de pan y lo mojó en su guiso.

–Ese forastero ya ha creado el problema –dijo–. Y esta noche lo voy a solucionar.

Diablo Audaz cogió su rifle y un bolso. Se subió a su caballo y cabalgó hasta el pueblo. La mayoría de los habitantes de Calavera estaban dentro de sus casas. La noche era fría, podía ver su **aliento** en el aire.

–¿Dónde está Erkek Tex? –le preguntó a un hombre que se encontró en la calle. El hombre llevaba una chaqueta cara y unas botas nuevas.

–¿Quién quiere saberlo? –preguntó el hombre mirando a Diablo Audaz. Diablo conocía a la mayoría de la gente de ese pueblo. Aquel hombre era un desconocido.

«Más y más gente nueva», pensó. «Más y más cosas para atraer a la ley. ¡Esto hay que pararlo!»

–Si no sabes mi nombre –dijo Diablo despacio–, seguro que eres nuevo aquí.

–Tal vez sí, tal vez no –dijo el hombre de la chaqueta elegante–. Pero te he hecho una pregunta. ¿Quién eres?

Diablo Audaz no se lo podía creer. ¡Nunca nadie en Calavera le había hablado a él **de esa manera**!

–Me llamo Noel Cruz –dijo despacio mientras miraba fijamente al hombre–. Pero la gente me llama «Diablo Audaz».

–Qué sobrenombre más estúpido –respondió con ligereza–. Si no sabes quién es Tex, no necesitas saber dónde está. ¡Buenas noches!

El hombre le dio una patada a una piedra en la dirección del caballo de Diablo y **se alejó** caminando.

Diablo quería saltar de su caballo y pegarle, pero **respiró hondo** y miró a su alrededor. El Salón Brisas de la Pradera estaba iluminado. Se oía el sonido de voces en el interior. Ya que estaba en el pueblo, iría y vería qué tal iban las cosas por allí.

–¡Mirad quién está aquí! –gritó alguien cuando Diablo entró en el bar–. ¡Ven a sentarte con nosotros!

El hombre que había gritado saludó a Diablo con la mano. Estaba sentado en una mesa rodeado de otros hombres.

Diablo se sentó.

–¿Por qué has venido al pueblo esta noche? –un hombre le preguntó.

–Sí, ¿dónde has estado? No te vas a creer lo que ha ocurrido. Tex, el **tipo** que llegó al pueblo hace unos meses está cambiando las reglas del juego –dijo otro hombre.

–Sí –añadió el primer hombre–. Y está haciéndose cargo de tu negocio, y nos está creando problemas a todos nosotros... excepto aquellos que trabajan para él. **Están ganando** dinero. ¡Pero nosotros nos quedamos contigo, jefe!

–Sí –dijo el segundo hombre mientras el primero añadía–. ¡Tú eres el jefe! ¡Quién necesita a ese Tex!

Diablo miró alrededor de la mesa y dijo en voz baja:

–Estoy aquí solo para saber dos cosas. ¿Dónde está Erkek Tex? Y, ¿quién quiere ayudarme a sacarlo del pueblo?

Anexo del capítulo 2

Resumen

Noel Cruz, también conocido como Diablo Audaz, es un criminal buscado en varios estados. Se esconde en el pueblo de Calavera porque la policía nunca va allí. No quiere que el pueblo crezca. No le gusta Erkek Tex porque Tex está haciendo crecer al pueblo y está interfiriendo en sus negocios. La esposa de Diablo quiere que deje a Tex tranquilo, pero Diablo va al pueblo a buscarlo. En el bar se encuentra con algunos hombres y les pregunta si alguien quiere ayudarle a sacar a Tex fuera del pueblo.

Vocabulario

suficientemente enough

el sobrenombre nickname

golpear to hit

el/la bandido/(a) bandit, outlaw

la recompensa reward

ocurrir to happen

mudarse to move (house)

de contrabando contraband, smuggled items

preocuparse to worry

estropear to spoil, to ruin

la cabaña de troncos log cabin

la pérdida loss

el guiso stew

cansarse to get tired

potente powerful

el/la pariente/a relative

molestar to disturb

el cuenco bowl

el trapo duster, cloth

permanecer to remain

el aliento breath

de esa manera that way

alejarse to walk away, to move away

respirar hondo to breathe deeply

el/la tipo/(a) guy/girl

ganar to earn

Preguntas de elección múltiple

Seleccione una única respuesta para cada pregunta.

6) ¿Dónde vive Diablo?
   a. en una cabaña de madera cerca del pueblo
   b. en una casa en el centro del pueblo
   c. en un pueblo cercano a Calavera
   d. con su esposa, en Texas

7) ¿Qué quiere Ayita que haga Diablo?
   a. Quiere que su esposo mate a Erkek Tex.
   b. Quiere que Diablo vaya al pueblo.
   c. Quiere que su esposo deje tranquilo a Erkek Tex.
   d. Quiere irse del pueblo.

8) ¿Qué teme Diablo de Tex?
   a. Que Tex puede atraer la atención y la ley al pueblo.
   b. Que Tex se está apoderando de los negocios de Diablo.
   c. Que Tex es mejor líder que Diablo.
   d. Que Tex quiere hacer daño a Diablo.

9) ¿Por qué a Diablo le parece mal lo que dice un desconocido que se encuentra en la calle?
   a. Porque el hombre lleva ropa extraña.
   b. Porque el hombre es un forastero y le habla de forma maleducada.
   c. Porque el hombre se ríe del rifle de Diablo.
   d. Porque el hombre quiere bailar con la esposa de Diablo.

10) ¿Cuántos hombres encuentra Diablo dentro del bar?
   a. dos
   b. cuatro
   c. cinco
   d. No dice cuántos.

Capítulo 3 – La nevada

Diablo Audaz consiguió que tres hombres se unieran a él. El pequeño grupo **asaltó** las calles **polvorientas** de Calavera gritando:

–¡Tex, vete de aquí! ¿Dónde estás?

Diablo había tenido más que suficiente. Era hora de que alguien se fuera de Calavera y no iba a ser él. Era el momento apropiado para una «nevada».

El grupo asaltó la peluquería, y allí estaba. Era Tex.

–Este pueblo no es lo suficientemente grande para los dos –gritó Diablo Audaz–. Debes marcharte –hizo una pausa–, o te las verás conmigo.

Diablo llevaba su rifle. Lo alzó en el aire y disparó.

Erkek Tex estaba sentado en la silla de la peluquería. El peluquero, un hombre gordo con las **mejillas rosadas**, le cortaba el pelo y le **recortaba** el bigote. Dejó de cortar cuando el polvo del techo empezó a caer como si nevara sobre ellos.

–No te he dicho que pares –le dijo Tex al peluquero.

El peluquero comenzó a trabajar nerviosamente otra vez, pero seguía mirando a Diablo.

–¡Oye! –gritó Diablo Audaz–. ¿Me has oído?

–Eres muy perseverante, Noel Cruz –dijo Tex, llamando a Diablo por su nombre verdadero–. Eso te puede **meter en problemas**.

–No he venido para discutir, Tex. He venido para hacer que te marches.

Tex alzó la mano para que el peluquero se detuviera. Le susurró algo al peluquero y el hombre se marchó. Luego Tex se puso de pie. Se cepilló el bigote grande y negro con un peine pequeño. Siempre llevaba un peine para bigotes. Le gustaba **tener buen aspecto**, especialmente para sus enemigos.

Diablo estaba confundido. ¿Por qué Tex estaba tan tranquilo? Diablo apuntó con su rifle a Tex. Lentamente, Tex comenzó a caminar hacia la puerta.

–¡Tienes razón! –gritó Tex mientras salía de la peluquería–. ¡Pues sí, tienes razón, Diablo Audaz! –repitió Tex–. ¡Calavera no es lo suficientemente grande para mí! Así que, ¡desde luego que no puede ser lo suficientemente grande para mí y para ti!

Diablo y Tex salieron a la calle y un grupo de personas comenzó a **reunirse** alrededor de los dos. El peluquero les había dicho a sus clientes que salieran del local. Todos se unieron al círculo que se había formado alrededor de los dos hombres.

Tex empezó a hablar despacio mirando al **gentío**.

–Sí, este pueblo no es lo suficientemente grande. ¡Tiene que ser más grande!

La multitud empezó a aplaudir.

–Tiene que haber más negocios –continuó Tex–, más gente –hizo una pausa–. ¡Y más dinero! –terminó.

La multitud continuaba **aclamándolo**.

Diablo miró a su alrededor con pánico. «¿Qué estaba ocurriendo?», pensó. «¿He llegado demasiado tarde? ¿Se ha ganado Tex a la población con su dinero y su apariencia? ¿Han cambiado tanto las cosas que ya no puedo controlarlas? ¡No puedo permitirlo!»

–¡Vete de aquí, Tex! –empezó a decir Diablo–. ¡Este es mi pueblo y no te vas a salir con la tuya!

La multitud lo **abucheó**. Tex sonrió y después respondió.

–No parece que este sea tu pueblo, Noel –se rio–. No, no parece para nada que este sea tu pueblo.

Diablo miró a su alrededor. La mayoría de la gente del pueblo había salido a la calle. Lo miraban enfadados a él y a sus tres hombres. Podrían haber tenido problemas, pero por suerte no estaban solos. Diablo Audaz tenía otros dos hombres más escondidos en los **tejados**. Si Tex intentaba hacer algo, los dos hombres le matarían.

Pero Tex no era tonto. Simplemente se puso su sombrero de vaquero y mantuvo sus manos levantadas, lejos de sus pistolas.

–¡Quiero que te vayas! –gritó de nuevo Diablo–. Todos queremos que te vayas de Calavera. ¡Queremos que las cosas vuelvan a ser como eran antes!

–¿En serio? –preguntó Tex, mirando a la multitud que empezaba a mostrar signos de malestar–. Si eso es verdad, de acuerdo. Quédate aquí, Noel Cruz. Quédate aquí, ¡para que el sheriff no te encuentre! ¡Quédate aquí y no hagas nada más que ocultarte de la ley! No te juzgo y no te **culpo**.

Diablo se estaba enfadando cada vez más. No necesitaba que Tex les recordara a los habitantes del pueblo que él era un hombre buscado por la ley, un hombre con una recompensa atada a su piel.

–Ya te lo he dicho una vez, Tex –dijo Diablo–. ¡No he venido a discutir!

Diablo apuntaba con su rifle al pecho de Tex.

–No me obligues a que te haga daño.

–No, no, ¡por supuesto que no! ¡Te lo prometo! Nunca le doy a nadie un motivo para que me dispare –dijo Tex, mirando a la multitud–. Ese no es mi estilo. ¡Solo intento ser bueno con la gente! Intento traer negocios nuevos, dinero nuevo, pero no busco pelea. ¡De hecho, odio pelear!

–¡Sacaste a Curly del pueblo tu primer día aquí! Todos lo saben. Y yo te voy a hacer lo mismo a ti.

–¡Sí, Noel, sí! –reconoció Tex–. Pero debes recordar –dijo mirando alrededor a la multitud de nuevo– que yo no empecé esa pelea con Curly. Me estaba protegiendo, ¡y un hombre tiene derecho a protegerse! **¿No te parece?**

La multitud asintió con la cabeza. Uno de ellos gritó:

–¡Tex tiene razón!

Diablo sabía que Tex no estaba diciendo la verdad. No se había defendido ante Curly. Había comenzado la pelea y luego había echado a Curly fuera del pueblo. Pero ahora eso no importaba.

–De acuerdo, contaré hasta diez –dijo Diablo–. **¡Prepárate** para partir, Tex!

–De acuerdo, de acuerdo, Noel. Estoy de acuerdo contigo –dijo Tex– ¡quédate aquí! ¡Voy a **empacar** mis cosas! Solo espero que te quedes lo suficiente aquí para dirigir el pueblo y que no te persigan por la recompensa.

Tex miró a la multitud por última vez.

–¡Me marcho, amigos! ¡No **tratéis de** detenerme!

–No te marches –dijo uno de los hombres–. ¡Has sido un buen jefe!

–¡Sí, tú eres el mejor jefe! –dijo otro de los criminales del pueblo–. ¡Calavera te necesita!

–Lo sé, lo sé… – dijo Text mirando a su alrededor – pero mira, al señor Diablo Amigo, aquí…

–¡«Audaz», no «Amigo»! –interrumpió enfadado Diablo.

–Lo siento –dijo Tex con una mueca–. El señor Diablo quiere que me vaya. Quiere quedarse a cargo del pueblo. ¡Ahora es su turno! Al menos hasta que alguien se espabile y piense en el dinero de la recompensa.

–Yo no he dicho eso –protestó Diablo mirando a su alrededor con nerviosismo–. No quiero quedarme a cargo… y ¡para de hablar sobre el maldito dinero de la recompensa!

–¡Pelea con él, Tex! –gritó una mujer de entre la multitud. Era una de las novias de Tex–. Eres más rápido y mejor que él.

Diablo Audaz se estaba poniendo nervioso. No esperaba que la gente de Calavera actuase de esa manera. Pensaba que **odiaban** a Tex tanto como él, pero estaban actuando como si Tex fuese su mejor amigo.

Tex asintió con la cabeza mirando a Diablo.

–La mía es la pistola más rápida de Oklahoma. ¡Esa es la verdad! Pero Noel Cruz ha venido con amigos – Tex señaló a uno de los amigos de Diablo que estaba escondido en un tejado–. Ha sido más inteligente que yo. ¡Ahora él es vuestro jefe! ¡Se lo ha ganado!

–Amigos, ¡eso no es lo que quiero! –Diablo le gritó a la multitud–. No estoy aquí para tomar el poder. Solamente quiero que Calavera no crezca demasiado. Si no, ¡vendrá un sheriff! ¿No comprendéis? ¡La ley vendrá al pueblo!

La multitud empezó a murmurar. Marty, el dueño del bar, había estado observando la escena. En ese momento, caminó y se paró junto a Erkek Tex.

–Ya tenemos la ley aquí. ¡La ley de Tex!

La multitud comenzó a gritar y a aplaudir. Diablo miró a su alrededor nerviosamente.

Luego Marty continuó mientras miraba seriamente a Tex.

–Tex, ¿qué podemos hacer para que te quedes?

Erkek Tex se encogió de hombros. ¡Solamente **se me ocurre una cosa**! –empezó a decir mientras miraba a la multitud–. Si Noel Cruz, también conocido como el criminal Diablo Audaz, no existiese... ¡no tendríamos este problema!

La gente empezó a murmurar de nuevo.

Tex continuó.

–Sí, si no hubiera fugitivos en este pueblo, entonces no tendríamos miedo a la ley.

Los murmullos se hicieron más fuertes.

–De hecho –dijo Tex mirando a su alrededor–, si **nos deshiciéramos de** los fugitivos y cobráramos una recompensa por ellos, el pueblo de Calavera sería un lugar mucho mejor y más seguro para vivir.

–¡Tienes razón! –gritó Marty.

–¡Es verdad! –añadió otro hombre.

–¡No más fugitivos! –gritó un tercer hombre.

Para aquel entonces, Diablo Audaz estaba más que nervioso. Estaba francamente **asustado**. Miró al tejado. Estaba seguro de que sus hombres estaban allí para protegerlo. Pero al mirar a los edificios, se dio cuenta de que los hombres se habían ido.

Diablo Audaz estaba solo.

Pero yo no soy el problema –dijo Diablo a la multitud–. ¡Tex es el problema! ¡Él es el que está cambiando las cosas! ¡Él es el que está creando problemas!

–Los cambios que ha hecho Tex son buenos – respondió Marty–. Está haciendo del pueblo un lugar más seguro, más grande y mejor. No como tú y tus hombres. Tú **arruinaste** este pueblo, y no lo vamos a consentir más.

Marty miró a la multitud antes de añadir:

–¡Vamos a por él, chicos! ¡500 dólares es mucho dinero!

Un segundo más tarde, varios hombres **se abalanzaron** sobre Diablo Audaz. No le quedó más opción que darse la vuelta y echar a correr.

Tex miró hacia el tejado. El hombre que había estado allí se había ido, y Tex sabía que el otro hombre armado también se había ido. Noel Cruz, el Diablo Audaz de Texas, estaba siendo perseguido por el pueblo, corriendo por la calle principal como un cobarde.

Tex miró a lo lejos, vio cómo Diablo Audaz salía del pueblo y dijo para sí mismo en voz baja:

–Bien, aquí los fugitivos no son bienvenidos. No en mi pueblo.

Anexo del capítulo 3

Resumen

Diablo Audaz y sus hombres encuentran a Erkek Tex en una peluquería. Diablo le dice a Tex que se marche del pueblo. Tex sale fuera de la peluquería y comienza a hablar en la calle. La gente del pueblo ha venido a escucharlo. Tex empieza a hablar de cómo Diablo quiere ser el nuevo jefe. También le recuerda a la gente que se ofrece una gran recompensa por Diablo. Diablo piensa que está seguro porque tiene dos hombres escondidos en el tejado para protegerlo. Sin embargo, esos hombres se van y lo dejan solo. Los habitantes del pueblo dicen que quieren a Tex en el pueblo y que no quieren a fugitivos. Después persiguen a Diablo para intentar obtener la recompensa de dinero que se ofrece por él.

Vocabulario

asaltar to storm, to assault
polvoriento/-a dusty
las mejillas rosadas red cheeks
recortar to trim
meter(se) en problemas to get in trouble
tener buen aspecto to look good
reunirse to gather
el gentío crowd
aclamar to acclaim, to cheer
abuchear to jeer, to boo
el tejado roof
culpar to blame
¿No te parece? Don't you think so?
prepararse to get ready
empacar to pack
tratar de (hacer algo) to try to do something

odiar to hate

se me ocurre una cosa one thing comes to mind

deshacerse de to get rid of

asustado/-a scared

arruinar to ruin

abalanzar(se) to pounce

Preguntas de elección múltiple

Seleccione una única respuesta para cada pregunta.

11) ¿Por qué Tex llama a Diablo Audaz por su nombre real, Noel?
    a. Para mostrar que no respeta o no tiene miedo a Diablo Audaz.
    b. Porque no puede recordar su nombre.
    c. Porque conoce a Diablo Audaz desde hace mucho tiempo.
    d. Para demostrar que son buenos amigos.

12) ¿A quién le dice Tex que continúe haciendo lo que está haciendo?
    a. al dueño de la peluquería
    b. al dueño del bar
    c. a Diablo Audaz
    d. a su novia

13) ¿Por qué Tex sale de la peluquería a la calle?
    a. Para tomar aire fresco.
    b. Para buscar a su novia.
    c. Para que la gente del pueblo lo pueda escuchar.
    d. Para que el peluquero pueda terminar de cortarle el pelo.

14) ¿Qué razón da Tex para haber expulsado a Curly del pueblo?

a. Dice que Curly estaba haciendo trampas a las cartas.

b. Dice que se estaba defendiendo de Curly.

c. Dice que estaba protegiendo a Marty de Curly.

d. Dice que Curly había herido al dueño de la tienda.

15) ¿Quién hace salir corriendo a Diablo Audaz del pueblo?

a. Erkek Tex

b. el dueño de la peluquería

c. Marty

d. los habitantes de Calavera

Problemas del corazón

Capítulo 1 – Podrías ser mi novio

–No puedo salir contigo, Stefan–dijo Anika por el teléfono.

Ella vivía normalmente en Madrid, pero ahora estaba en Barcelona pasando el verano. Estaba de vacaciones de la universidad. Estaba disfrutando de unas vacaciones largas y había decidido trabajar **a tiempo parcial** en un centro comercial, pero **echaba de menos** a su amigo Stefan. Los dos estudiaban en la misma universidad en Madrid, pero Stefan se había ido a Valencia a hacer unos cursos universitarios de verano. El viaje a Valencia desde Barcelona llevaba casi cuatro horas en coche.

Anika sabía que su amigo **se sentía atraído** por ella. Hacía mucho que se sentía atraído, pero nunca había tenido el valor de invitarla a salir hasta ahora, por teléfono.

–¡Sí, sí puedes **salir conmigo**! –dijo Stefan en voz alta.

Estaba sentado en un parque de Valencia hablando por el móvil. Una mujer mayor que pasaba a su lado lo miró con sorpresa. Stefan se sintió **avergonzado**.

Anika **enroscaba** su cabello largo y negro alrededor de un dedo mientras hablaba acostada en el sofá del salón intentando pensar qué decir.

–¡Mis padres **se asustarían** si saliese contigo!

–¿Por qué? –preguntó Stefan.

Stefan **había conocido** a los padres de Anika. Sabía que **no les caía bien**. Stefan tenía muchos **tatuajes** y **aretes**. Llevaba el pelo rubio con **crestas** y vestía de manera diferente. La familia de Anika era muy conservadora. No les gustaba lo «diferente». Por eso, Stefan sabía por qué sus padres se asustarían. No necesitaba escuchar la respuesta de Anika, pero le preguntó:

–¿Tienes que decírselo a tus padres?

–Por supuesto que tengo que decírselo, no tengo secretos para mis padres... –respondió Anika.

–Ya, pero tú no tienes que decirles todo a tus padres... –replicó él.

–Mira... eres un buen **tipo**, Stefan... –dijo Anika, pero no terminó la frase.

–¡Lo soy! –dijo Stefan, interrumpiéndola–. Tienes razón: soy un buen tipo. ¡Soy un tipo fantástico! Si tus padres me conocieran mejor, me querrían. ¡Me adorarían!

–Estoy segura de que con el tiempo, les gustarías – admitió Anika–. Tal vez no te «querrían» o «adorarían». Pero sí, seguro que pensarían que eres un buen tipo y que podrías ser mi novio –bromeó.

–Podría ser tu novio –se rio Stefan–. Eso está muy bien, – y continuó en un tono más serio– entonces no les digas nada.

–No puedo **mentirles** a mis padres, Stefan –dijo Anika, sentándose en el sofá–. No lo haré.

–¿Por qué hablas de mentir? Simplemente te he pedido que no les digas nada –respondió Stefan mientras observaba a un hombre que pasaba corriendo con un perro–. No les hables de mí. Eso no es mentir.

–Sí lo es –respondió Anika–. Es una mentira por omisión.

–Ah, mira, ahora estás usando palabras difíciles. «Omisión». No es así. Si no dices nada…, quiero decir, si no me mencionas cuando hablas con ellos...

–... Entonces estaría omitiendo los **hechos** –dijo Anika en tono serio–. De todos modos, omisión no es una palabra difícil.

Stefan se rio.

–Me va mal en la clase de español. Esa es una palabra difícil para mí –confesó Stefan.

Él era alemán, así que el español era su segunda lengua. Todavía necesitaba mejorar. Por eso, iba a hacer los cursos de verano en la universidad de Valencia.

–Si es una palabra difícil para ti, entonces, **hasta aquí hemos llegado** –dijo Anika, en tono de broma–. No puedo salir con alguien que tenga un vocabulario reducido.

–Ah, ¿pero si tuviese un vocabulario amplio, saldrías conmigo?

Anika se rio.

–Tú **ganas**. Sí, quiero decir... me gustas. Ya, lo he dicho, ¿vale?

–Has dicho que te gusto –respondió Stefan. Había estado sentado en un banco del parque. Entonces se puso de pie y continuó hablando mientras caminaba en círculos–. Genial. Pero eso **a mí no me sirve**.

–¿Qué quieres decir? –no esperaba esa respuesta de Stefan.

–Piénsalo –dijo él–. ¡Que me lo digas lo empeora! Ahora sé que te gusto, ¿pero entonces por qué no podemos salir? ¡Me siento frustrado!

–Déjame que termine –dijo Anika. Se puso de pie y **se alejó** del sofá. Caminaba alrededor de la habitación–. No estoy bromeando, Stefan. Te prometo que saldré contigo. Cuando termines con tus clases y regreses a Madrid, podemos salir. Pero tengo que decírselo a mis padres.

Eran excelentes noticias para Stefan. Terminaría sus clases el mes siguiente, así que pronto podría ver a Anika, pero todavía se preguntaba por qué ella tenía que hablar con sus padres. Seguía sin entenderlo, así que le preguntó:

–Creo que todavía no entiendo por qué tienes que decirles nada. ¿Necesitas que te den permiso?

–No, no necesito su permiso –explicó Anika–. Pero así es nuestra cultura, sabes que mi familia no es europea. En India tenemos tradiciones diferentes.

–Lo sé. Mi familia es igual –respondió Stefan.

–Sí, ya me lo has comentado alguna vez, pero en mi cultura, respetamos a nuestros padres. Incluimos a nuestros padres en nuestra vida diaria.

–No es justo que digas eso. ¡Yo también respeto a mis padres! –dijo Stefan.

–¿De verdad? ¿Los incluyes en tu vida diaria, Stefan? –preguntó Anika.

–Bueno... –dijo Stefan, pensando. En realidad no los veía **muy a menudo**. Vivía lejos de su casa y no los visitaba con mucha frecuencia. Y no les pedía que opinaran sobre su vida, pero Stefan no quería decirle eso a Anika–. Intento llamarlos todas las semanas.

–No es lo mismo, pero no importa. No te preocupes. Dime, ¿cuándo terminarás con el curso de verano en la universidad?

–El mes que viene. Son cursos cortos. Solamente lo estoy haciendo para **mejorar las notas** del último trimestre. No me fue bien en clase.

–Sí, ya sé. Suspendiste dos **asignaturas**. ¿No es así? –dijo Anika.

Stefan **se quedó en silencio** al otro lado del teléfono.

–¡Stefan, no te preocupes! Sé que eres muy inteligente. A veces es difícil estudiar cuando estás lejos de casa, pero ¡tú puedes mejorar!

–Gracias –dijo Stefan–. Estudio mucho. De hecho, mis profesores me han dicho que soy buen estudiante, pero todas las clases son en español. Por eso a veces tengo problemas.

Anika asintió. Lo comprendía muy bien. Ella también había tenido problemas el año anterior en la universidad, hasta que contrató a un tutor profesional que la ayudó mucho.

–Cuando regreses, te ayudaré a estudiar español –dijo–. Te enseñaré las técnicas de estudio que me enseñó mi tutor.

–¿De verdad? ¡Eso me ayudaría muchísimo! –dijo Stefan–. Pero antes necesito hacer algo.

–¿Qué? –preguntó Anika con sorpresa.

–Antes de que seas mi tutora –dijo en tono serio–, necesito pedirle permiso a mis padres –dijo Stefan con una gran **carcajada**.

–¡Qué gracioso! –dijo Anika sacudiendo la cabeza–. Y solamente por eso, ¡seré una tutora muy estricta!

Anexo del capítulo 1

Resumen

Anika es una estudiante india que vive en Madrid. Durante el verano, está de vacaciones de la universidad en Barcelona y está trabajando a tiempo parcial en un centro comercial. Stefan es un amigo alemán que también estudia en su universidad. Él se ha ido a Valencia para hacer un curso de verano en la universidad. Stefan llama a Anika porque quiere salir con ella, pero la joven le dice que tiene que hablar con sus padres. Stefan insiste en que ella no tiene que decirles nada a sus padres. Anika no está de acuerdo, pero dice que le gusta Stefan y le ofrece ayudarlo con el español cuando vuelva a Madrid.

Vocabulario

a tiempo parcial part-time
echar de menos (a alguien) to miss (someone), to want to see someone again
sentirse atraído/-a to feel attracted
salir con alguien to go out with someone
avergonzado/-a ashamed
enroscar to curl
asustarse to get scared
conocer to get to know, to meet
no les caía bien they didn't like him
el tatuaje tattoo
el arete earring
la cresta mohawk
el/la tipo/(a) guy/girl
mentir to lie
el hecho fact
hasta aquí hemos llegado this is the limit
ganar to win

a mí no me sirve it's no use to me

alejarse to walk away, to move away (from someone or something)

muy a menudo very often

mejorar las notas to improve one's grades

la asignatura subject

quedarse en silencio to stay silent

la carcajada loud laugh

Preguntas de elección múltiple

Seleccione una única respuesta para cada pregunta.

1) ¿A qué distancia en coche está Anika de Stefan?
   a. a cuatro horas y media
   b. a más de tres horas en coche
   c. a 24 horas
   d. a casi 14 horas

2) ¿Por qué Anika insiste en hablarle a sus padres sobre Stefan?
   a. Necesita su permiso.
   b. Todavía no le permiten salir con chicos.
   c. Quiere que ellos le den dinero.
   d. Le gusta incluirlos en su vida.

3) Stefan piensa que él no le cae bien a los padres de Anika porque _____.
   a. tienen una religión diferente
   b. su origen étnico es diferente
   c. son conservadores y Stefan les parece demasiado «diferente»
   d. es conservador y los padres de Anika le parecen demasiado «diferentes»

4) Anika accede a salir con Stefan cuando ____.
   a. cumpla 21 años
   b. le pida matrimonio
   c. regrese de Valencia
   d. se peine el cabello de diferente manera

5) ¿Por qué motivo dice Stefan que suspendió dos asignaturas?
   a. Las clases eran en español.
   b. Las clases eran en alemán.
   c. Las clases eran de ciencia y tecnología.
   d. Las clases eran aburridas.

Capítulo 2 – Simplemente somos buenos amigos

A Inma le encantaba hablar por teléfono. Disfrutaba hablando con sus amigas... ¡especialmente **acerca de** sus novios! Era un día lluvioso y estaba aburrida. Decidió llamar a una de sus mejores amigas, Anika. Se había enterado de un cotilleo y quería saber la verdad directamente a través de ella.

–Oye, Anika –dijo–. ¿Sabías que Juan está en Valencia ahora?

–¿Ah, sí? –dijo Anika–. ¡Recuerdo a tu novio, Juan! Es guapísimo. ¿Qué está haciendo en Valencia?

–Está haciendo un curso de verano. ¿A que no sabes dónde?

–Tienes razón –dijo Anika–, ¡no lo sé!

Odiaba jugar a **adivinar**. Además, **tenía prisa**. Era casi la hora de irse a trabajar y estaba eligiendo la ropa que se iba a poner sobre la cama. No estaba prestando mucha atención.

–Valencia es una ciudad grande. No tengo ni idea de dónde podría estar estudiando Juan.

–¡Juan está en la misma universidad que Stefan!

–Ah, qué interesante –dijo Anika. No sabía por qué Inma le estaba contando eso–. Seguro que Juan y Stefan están contentos de estar juntos. Se conocen muy bien.

Inma sonrió maliciosamente.

–Se conocen poco. Se están haciendo amigos. De hecho, últimamente hablan mucho. Pero oye, Anika, ¡Stefan le contó a Juan que vosotros estáis saliendo!

«¡Ah!, por eso me llama», pensó Anika.

–Bueno... yo no diría que estamos saliendo. Pero le dije que podríamos salir cuando él regrese a Madrid. Es que... bueno, simplemente somos buenos amigos. Quiero decir que nos gusta salir juntos y...

–Venga, no seas tímida –interrumpió Inma–. Soy tu amiga. Cuéntamelo todo. Tú sabes que yo salía con Stefan antes. Salimos hace dos años, **cuando acabábamos de empezar** la universidad.

–Lo recuerdo –dijo Anika. Lo recordaba, pero no muy bien. Inma había salido con muchos chicos.

–Entonces, ¿de verdad pensabas que no me iba a **enterar de** este secreto?

Anika miró la hora. Solo le quedaban veinte minutos para vestirse y llegar al trabajo en el centro comercial. No tenía mucho tiempo para hablar.

–No es un secreto ni nada parecido, Inma. No tengo mucho que contarte. En cualquier caso, tengo prisa. He de llegar puntual al trabajo, así que...

–¡Espera! Entonces cuéntame solo lo principal.

–Vale, de acuerdo –suspiró Anika–. ¡Eres muy pesada! Stefan me pidió que saliera con él, pero no lo hizo cuando estaba en Madrid. ¡Me lo ha dicho ahora que está en Valencia, así que yo no tenía ni idea de que le gustaba hasta ahora!

–¡Hombres! No saben elegir **el momento oportuno**, ¿no? –continuó Inma–. Recuerdo que Stefan siempre llegaba tarde para todo y una vez...

Anika quería cambiar de tema. En aquel momento no quería pensar en Inma y Stefan como pareja, así que **se concentró** en organizar sus cosas mientras Inma hablaba.

–¿No es gracioso? –preguntó Inma riéndose.

–Sí, claro. Es... que Stefan... –respondió Anika, aunque no había escuchado lo que Inma estaba diciendo.

–¿Qué tal Juan y tú? –preguntó **aprovechando la oportunidad** para cambiar de tema–. ¡Juan es tan agradable! Lleváis saliendo mucho tiempo. ¿Seguís juntos, verdad?

–La verdad es que no –dijo Inma. Todavía no se lo había dicho a nadie–. De hecho, **rompimos la relación** antes de que se marchara a Valencia. Estoy lista para una nueva relación.

–¡Ah, no lo sabía! No me lo habías dicho. Lo siento. Entonces, ¿ya no lo ves?

–Bueno, no quería decir nada, pero... Bueno, rompimos, pero **nos llevamos bien**. Todavía somos amigos. Pero... no sé cómo decirlo. Juan no era buen novio.

Anika sabía que su amiga era muy **quisquillosa** con sus novios. Por eso había tenido tantos. Generalmente, Inma salía con una persona solo algunas veces y después le encontraba algún **defecto**. A Inma le encantaban los dramas y la emoción de empezar a salir con alguien. Pero después **se aburría**. Así era Inma, pero con Juan había salido varios meses y todos pensaban que hacían buena pareja. De hecho, Anika pensaba que estaban realmente enamorados, por eso se sorprendió al escuchar su comentario negativo sobre Juan.

–¿No era buen novio? ¿Por qué? ¿Qué hizo?

Anika miró la hora otra vez. Se le estaba haciendo tarde, pero quería enterarse de lo que había ocurrido, así que puso el teléfono en **altavoz**. De ese modo, podía vestirse mientras hablaba y escuchaba a su amiga.

Inma dijo:

–Para empezar,... a Juan le gusta **coquetear** con otras chicas.

–No, ¿en serio? –respondió Anika –. ¿Te... te **era infiel**?

–No, creo que no –dijo Inma–. No. Estoy segura de que no estaba saliendo con nadie más, pero no me gusta que mis novios miren a otras chicas, así que eso fue un gran problema para mí. No **aguanto** a los chicos que miran a otras chicas. No me gusta. Ya no quiero más dramas.

–Sí, mirar a otras chicas mientras sale contigo no está bien pero, en realidad, él solo miraba. Quiero decir, no salía con ellas, ¿no?

–Creo que no, pero sé que Juan no miraba solamente. Hablaba con muchas chicas. Coqueteaba con ellas.

Anika **se encogió de hombros**.

–¿Dónde?

–¿Qué?

–¿Dónde hablaba con otras chicas? –preguntó Anika.

–En la cafetería.

–¿En la cafetería donde trabajaba?

–Sí, todavía trabaja en el Cafelito de camarero y pasa demasiado tiempo hablando con las clientas guapas.

Anika se rio, luego se tapó la boca con la mano.

–¿Qué te parece tan gracioso? –preguntó Inma. **Se estaba enfadando**.

–Bueno, Inma, tienes que **ser justa**. Si Juan es camarero, su trabajo consiste en hablar con los clientes.

–Tal vez tengas razón –respondió Inma.

–¿Tal vez? ¡Venga, Inma, sé razonable! No estás siendo justa. Quiero decir que si Juan habla con chicas en su trabajo, no hay nada que en realidad puedas...

–Coquetea con ellas. No habla solamente. ¡Hay una gran diferencia! ¡No seas inocente!

–No soy inocente. Tú eres demasiado quisquillosa –dijo Anika empezando a enfadarse–. Tal vez solo habla para conseguir propinas. Ya sabes que si es especialmente agradable con los clientes, le dan más dinero. No tienes ningún motivo para ponerte **celosa**. Solo habla con esas chicas para ser simpático y hacer su trabajo.

–No necesita ser «tan» agradable –dijo Inma–. Además, a ti no te gustaría si Stefan actuase de ese modo. Estarías celosa, ¿no?

–No –dijo Anika con seguridad–. Confiaría en él. ¡Así son las relaciones! Pero por el momento, eso no importa. Todavía no estoy saliendo con Stefan. Solo hemos hablado de ello. En este momento solo somos buenos amigos.

–Hum, es cierto –respondió Inma con un tono extraño de voz–. Técnicamente, todavía estás soltera, lo mismo que Stefan. **Si te vas a poner del lado de Juan**, ¡sal tú con él! ¡Y yo me quedo con Stefan!

Después de todo, vosotros solo sois buenos amigos, ¿no es así?

–¿Qué? ¿Estás loca? –preguntó Anika. Tenía que irse y ya estaba cansada de hablar con Inma–. Oye, tengo que irme a trabajar. Sé que estás bromeando, pero no es gracioso.

Inma se rio.

–Dijiste que no te pones celosa, Anika. ¿Cuál es el problema ahora? –preguntó Inma–. ¿Estás celosa?

Anika suspiró. Buscó algo para comer en la cocina. No encontró nada. Tendría que comprar la comida en el trabajo.

–Podemos hablar de eso más tarde. No tengo tiempo para discutir.

Colgó el teléfono sin decirle adiós a su amiga y salió de casa a toda prisa.

Anexo del capítulo 2

Resumen

Inma llama a su amiga Anika. Se había enterado de que Stefan le había pedido a Anika que saliera con él. Las dos amigas hablan sobre sus novios. Inma le cuenta a Anika que ha roto con su novio, Juan. Dice que Juan coqueteaba con otras chicas. Anika le dice que Juan no hacía nada malo y que ella es demasiado quisquillosa. Inma le responde que si se pone del lado de Juan, quizás Anika debería salir con él. Inma añade que ella podría salir con Stefan, ya que Anika y él son solo buenos amigos. Anika se enfada, pero se tiene que ir a trabajar, así que le cuelga el teléfono a su amiga.

Vocabulario

acerca de about

odiar to hate

adivinar to guess

tener prisa to be in a hurry

cuando acabábamos de empezar when we had just started

enterarse de algo to find out about something

el momento oportuno the right moment

concentrarse to focus

aprovechar una oportunidad to take advantage of an opportunity

romper una relación to break-up (a relationship)

llevarse bien to get along, to get on well

quisquilloso/-a fussy

el defecto fault

aburrirse to get bored

el altavoz speaker

coquetear to flirt

ser infiel to be unfaithful

aguantar to bear, to put up with

encogerse de hombros to shrug one's shoulders

enfadarse to get angry

ser justo/-a to be fair

celoso/-a jealous

si te vas a poner del lado de Juan if you're going to take Juan's side

colgar el teléfono to hang up, to put down the phone

Preguntas de elección múltiple

Seleccione una única respuesta para cada pregunta.

6) Inma llama a Anika porque ____.

   a. no tenía que trabajar

   b. quería saber qué pasaba entre Anika y Stefan

   c. quería jugar a las adivinanzas

   d. quería hablar con ella sobre Juan

7) ¿Quién le dijo a Inma que Stefan le había pedido a Anika que saliera con él?

   a. Juan

   b. Anika

   c. Stefan

   d. ninguna de las opciones anteriores

8) ¿Cuál de las siguientes palabras no se usa normalmente al hablar de relaciones amorosas? Encuentra las palabras en el texto y usa el contexto para que te ayude a responder.

   a. coquetear

   b. engañar

   c. romper

   d. adivinar

9) Anika cree que Inma está celosa de Juan porque ____.
   a. Inma piensa que todos los hombres engañan a las mujeres
   b. Inma piensa que Juan la engañaba
   c. Inma piensa que Juan coqueteaba con otras chicas
   d. a Anika le gusta Juan

10) ¿Qué sugiere Inma al final del capítulo?
   a. Piensa que Anika y Stefan deberían romper.
   b. Piensa que debería volver a ser amiga de Juan.
   c. Piensa que Anika ya no debería salir con nadie.
   d. Piensa que Anika debería salir con Juan.

Capítulo 3 – ¡Os merecéis el uno al otro!

Stefan estaba muy entusiasmado. Ya casi terminaba los cursos de verano en la universidad. Le iba muy bien. **Obtendría** buenas calificaciones en todas las asignaturas.

«Las buenas calificaciones me ayudarán a mejorar mi **nota media**», pensó. «Cuando vuelva a la universidad en Madrid, quizás pueda estar al mismo nivel que Anika y podremos ir juntos a clase. He trabajado mucho, **me merezco** algo bueno».

Estaba contento porque pronto se marcharía de Valencia. Dentro de dos semanas, estaría en casa y podría volver a ver a Anika. Quizás incluso la vería todos los días si iban a la misma clase. Además, Anika le había prometido que saldría con él a su regreso. Así que **tenía muchas ganas de** volver. Hacía mucho que se conocían, pero nunca había tenido el valor de invitarla a salir. Había sido más fácil hacerlo por teléfono cuando no estaba allí mirándola a los ojos.

En cierto modo, no parecía real. Salir con Anika había sido su sueño... «¡Pronto ese sueño se hará realidad!», pensó.

Sus pensamientos se interrumpieron con una llamada telefónica. Era su amigo Juan. Hacía mucho que conocía a Juan, pero nunca habían sido amigos íntimos. Ahora, en Valencia, habían estado haciendo el mismo curso de verano y habían salido juntos un poco. A veces, compartían el **almuerzo**. Por la noche, les gustaba ver películas juntos en casa o salir cuando terminaban de estudiar. Juan siempre quería hablar con otras chicas, pero Stefan solo pensaba en Anika.

–Hola, Juan –dijo contestando el móvil.

–¡Stefan! Oye, tengo que hablar contigo.

–¡Qué coincidencia! Yo quería hablar contigo también.

–Ah –dijo Juan, sorprendido–. Bueno, tú primero. ¿Qué pasa?

Stefan pensó un momento. Quería decirle a Juan que estaba saliendo con Anika, pero sabía que él acababa de romper su relación con Inma. Juan todavía estaba triste y quizás le molestaría enterarse de las buenas noticias de Stefan.

–Sí. Solo quería preguntarte qué tal estabas. Quiero decir, después de la **ruptura** y eso…

Juan suspiró.

–No quería decir nada, pero las cosas no van bien. Tenía la **esperanza** de **haberme reconciliado** con Inma.

–De eso te quería hablar –dijo Stefan–. Yo **había notado** que estabas triste por algo, pero no sabía qué era. Estaba preocupado por ti.

–Gracias, colega, pero estoy bien. **De veras** – respondió Juan.

–¿Estás seguro? –preguntó Stefan–. ¿Quieres contarme lo que ha ocurrido?

–Ya sabes cómo son las chicas –dijo Juan. Se rio, aunque no le parecía nada gracioso–. Todavía soy amigo de Inma, pero me siento **herido**. Ella no ha sido justa conmigo. Pensó que yo coqueteaba con otras chicas. Me acusó de **tontear** con una chica en el trabajo. ¡Vamos!

–¿De veras? No te conozco muy bien –dijo Stefan–. ¿De verdad?

–¿A qué te refieres? –preguntó Juan.

–¿Coqueteas con chicas en el trabajo?

–¡No! ¡No lo hago!–contestó Juan a la defensiva–. ¡Nunca lo haría! Simplemente estaba siendo simpático y hacía mi trabajo. El problema es que Inma piensa que **cometí un error** y no puedo hacerle cambiar de opinión. Ella piensa que yo coqueteaba con mis clientas.

–¿Pero no lo hacías?

–Un «poco», pero eso no era coquetear, solo era ser especialmente agradable. ¿Sabes a lo que me refiero? Era totalmente inocente.

–¿Qué quieres decir? –preguntó Stefan.

–Solo lo hacía para conseguir mejores propinas –dijo Juan–. Eso es lo que haces en este tipo de trabajo. No te pagan mucho, ¡así que tienes que conseguir propinas!

–Te entiendo. Un verano yo también trabajé de camarero en un restaurante. Me pagaban muy poco, pero yo era muy agradable con todo el mundo. Los clientes me apreciaban mucho, así que me dejaban mejores propinas que a los demás.

–Exacto, ¡así es! –dijo Juan–. Bueno, a veces hacía un descanso en el trabajo y me tomaba un café con algunas chicas, pero era simplemente para que consumieran más en la cafetería.

Stefan se sorprendió.

–¿Tomabas café con tus clientas?

–Sí. Si no recuerdo mal, dos de ellas me dieron un par de números de teléfono, pero nunca las llamé. Solo les envié algún mensaje y como ellas no respondieron a mis mensajes, no les llamé.

Stefan suspiró. Estaba empezando a entender lo que ocurría.

–¿Por qué Inma no puede entenderlo? Quizás tú puedas hablar con ella sobre esto. ¿Puedes hablar con ella por mí?

–No creo que sea una buena idea, Juan.

– ¿Por qué no?

–Tengo que contarte algo. No es muy importante, pero deberías saberlo. Inma y yo salimos juntos. La relación no duró mucho, y fue hace mucho tiempo.

–Sí, ya lo sé. Ella me lo contó –dijo Juan–. ¿Cuál es el problema?

–Bueno… Inma es genial –dijo Stefan–. Es fenomenal. Te seré honesto, me gustaba mucho en aquel entonces, pero la verdad es que también estaba celosa de mí.

–¿Qué? ¿Pensaba que tú también coqueteabas con otras chicas? –Juan no se lo podía creer. No era el primer chico que tenía este problema con Inma.

–Exacto. Me parece que estás teniendo el mismo problema que tuve yo. Inma es una persona muy celosa. Pero la verdad es que suena como si, en realidad, tú has estado coqueteando, así que…

–¡Ah! –dijo Juan–. Me alegro de saber que no soy solo yo.

Juan ignoró los comentarios de Stefan sobre el hecho de que había coqueteado con otras chicas.

–Quizás ha llegado el momento de **olvidarme** de Inma y seguir adelante con mi vida, ¿sabes? –continuó Juan–. Me gustaría encontrar a alguien que me aprecie, alguien agradable…

–Sí, ¿por qué no? –dijo Stefan tranquilamente.

Parecía que Juan estaba contento de poder hablar sobre lo que le pasaba y de saber que no solo él había tenido problemas. Stefan se sentía contento de poder ayudarlo y quizás Juan tenía razón. Quizás era un buen momento para que Juan siguiera adelante con su vida. Su relación con Inma se había terminado. Quizás era el momento para buscar otra relación.

De repente, Stefan decidió que era un buen momento para hablarle a Juan sobre Anika. Quizás le daría esperanza a Juan de poder encontrar a alguien especial también.

–Oye, Juan –empezó Stefan –. Tengo que contarte algo.

–¿Sí? ¿Qué pasa?

–Es acerca de Anika. ¿Te acuerdas de que siempre había querido salir con ella?

–Sí. Hace mucho que querías salir con ella, pero eras demasiado tímido para pedirle que saliera contigo. ¿Qué ha pasado?

–Sí, antes era demasiado tímido –respondió Stefan–. Pero, ¡al final lo hice! Le pedí que saliera conmigo.

–¿Y ella dijo que sí? –respondió Juan sorprendido.

Stefan hizo una pausa. ¿Por qué de repente Juan estaba tan sorprendido de que Anika saliera con él?

–Sí. Ella quería hablar con sus padres primero. Eso es lo que dijo. Pero…

–¡Oh! –dijo Juan en un tono extraño de voz–. ¿Por qué quiere hablar con sus padres?

–No sé. Dijo que le gusta que sean parte de su vida.

–¿Y eso? ¿No crees que puede ser debido a tu apariencia?

–No. Bueno, tal vez un poco. ¿Por qué me lo preguntas, Juan?

–Bueno, sus padres son bastante conservadores, tú no **encajarías** muy bien, ¿no?–dijo Juan.

–Vaya, nunca había pensado en eso, pero…–respondió Stefan haciendo una pausa antes de continuar–. Espera. ¿Por qué estás diciendo todo eso, Juan?

–Lo digo porque Anika… –dijo Juan.

–¿Anika, qué? –preguntó Stefan.

–Sabes que algunas veces venía al Cafelito, la cafetería donde trabajo, después de clase.

Anika no se lo había contado, pero a Stefan eso no le importaba. Mucha gente va a tomar algo a una cafetería.

–¿Por qué tendría que saberlo?

–Porque Anika era una de mis clientas. Y bueno…, tengo que contarte algo, Stefan. A veces hablábamos mucho cuando venía a la cafetería. Y bueno…, lo admito. A veces coqueteo en el trabajo, ya sabes, para ser simpático. Yo me llevaba muy bien con Anika y me parece una chica muy guapa, así que estaba pensando pedirle que saliera conmigo.

–¿Qué? –preguntó Stefan. ¡No se lo podía creer!–. ¿Me lo dices en serio?

–Oye, ahora ya no voy a hacerlo. Probablemente no la invite a salir si te dijo que sí a ti, pero quería **asegurarme**. No tengo novia. Inma rompió conmigo porque es celosa, entonces, pues… pensé salir con Anika.

–¡Tienes que estar bromeando! Inma rompió la relación contigo porque tú COQUETEAS con otras chicas. ¡Lo haces todo el tiempo! Te he visto hacerlo aquí y en la cafetería. ¡Te he visto hacerlo en todas partes! –dijo Stefan enfadado–. Y coqueteas porque Inma es celosa. De hecho, creo que a ella le gusta la emoción y el drama de intentar mantenerte a raya.

Juan se quedó en silencio al otro lado del teléfono. Lo que decía Stefan era verdad.

–Así que escúchame, Juan. Yo he conseguido una cita con Anika antes que tú, así que… **¡Déjala en paz!** En cuanto a ti y a Inma, sugiero que volváis a estar juntos. **¡Os merecéis el uno al otro!**

Anexo del capítulo 3

Resumen

Stefan y Juan están hablando por teléfono. Se han hecho más amigos durante el curso de verano en Valencia. Stefan ha estado preocupado por Juan porque Juan ha roto con su novia Inma. Juan le dice que Inma pensaba que había estado coqueteando con otras chicas. Después, Stefan le cuenta que le ha pedido salir a Anika. Juan está sorprendido y piensa que probablemente la relación no funcionará. Después admite que ha estado coqueteando con otras chicas, incluida Anika. Stefan se enfada con Juan y le dice que vuelva a salir con Inma porque ambos se merecen el uno al otro.

Vocabulario

obtener to get
la nota media average grade
merecerse to deserve
tener muchas ganas de algo to really want something
el almuerzo lunch
la ruptura break-up
la esperanza hope
reconciliarse to make up, to get back together
notar to notice
de veras really
herido/-a hurt
tontear to flirt
cometer un error to make a mistake
olvidar(se) to forget
encajar to fit
asegurarse to make sure
¡Déjala en paz! Leave her alone!
¡Os merecéis el uno al otro! You deserve each other!

Preguntas de elección múltiple

Seleccione una única respuesta para cada pregunta.

11) ¿Por qué Stefan quiere sacar buenas notas?
   a. Porque quiere terminar pronto los estudios universitarios.
   b. Porque sus padres están enfadados por sus malas notas.
   c. Porque la universidad está a punto de expulsarlo.
   d. Porque quiere estudiar con Anika.

12) ¿Por qué Stefan no le habla de Anika a Juan al empezar la conversación?
   a. Porque a Juan le gusta coquetear y Stefan teme que Juan empiece a coquetear con Anika.
   b. Porque piensa que Juan también quiere salir con Anika.
   c. Porque Juan está triste por la ruptura de su relación.
   d. Porque Juan tiene buenas notas y Stefan está celoso de él.

13) Juan dice que es especialmente agradable con las clientas porque ____.
   a. quiere salir con ellas
   b. quiere mejores propinas
   c. es parte de su trabajo
   d. es una persona muy amigable

14) ¿Por qué no quiere Stefan hablar bien de Juan a Inma?
   a. Porque todavía le gusta Inma y quiere salir con ella.
   b. Porque piensa que Juan debería salir con otras chicas.
   c. Porque no quiere que Anika se ponga celosa.
   d. Porque salió con Inma y tuvo el mismo problema.

15) Stefan puede entender las razones que tiene Juan para ser tan agradable con las clientas porque ____.
a. ha visto trabajar a Juan
b. es amigo de Juan
c. a él también le gustaba mucho hablar con las chicas
d. trabajó como camarero y también le daban propinas

El desafío de los monstruos

Capítulo 1 – La reunión mensual de monstruos

–¿Tu trabajo te aburre? –preguntó la criatura verde y **peluda** de la televisión.

–No –dijo Lisandro, el Hombre **Lobo**, hablando con la tele.

Terminó su bebida y **aplastó** la lata que tenía en la mano.

–¿Te cansas de **asustar** a la gente todo el día? –continuó el anuncio–. ¿Te gustaría probar algo nuevo? ¿Qué te parecería un trabajo donde pudieras ser amable con la gente?

–No, gracias –dijo Lisandro en voz alta, mientras cambiaba de canal–. ¿Qué sentido tiene ser un monstruo –preguntó–, si no puedes asustar a la gente? Y a veces, comértela.

A Lisandro nunca le habían gustado los anuncios. Prefería ver **patinaje sobre hielo** a ver anuncios. Empezó a cambiar rápidamente de canal, haciendo una pausa de un segundo o dos antes de pasar al siguiente canal. Por supuesto, la mayoría de los hombres lobo no tienen mucha paciencia.

–¡Y no hay nada bueno! –dijo frustrado mientras tiraba la lata de refresco aplastada a la basura.

–¡Estoy de acuerdo! –dijo una voz sin cuerpo.

–¿Quién ha dicho eso? –preguntó Lisandro. La habitación estaba muy oscura, excepto por la luz de la televisión. No veía a nadie, y entonces **olfateó** el aire. Reconoció el aroma de inmediato–. Ah, eres tú. No sabía que venías esta noche.

El doctor Gómez, el «Hombre Invisible» asintió con la cabeza, pero Lisandro no podía verlo. El Hombre Lobo podía oler a los humanos, por supuesto. Los hombres lobo tienen muy buen olfato, y los humanos huelen muy mal.

–Nunca te puedo **engañar** –dijo Gómez riéndose.

Estaba contento. Se sentó en una silla vacía y cogió un periódico. El Hombre Lobo solamente podía ver un par de pantalones cortos y un periódico. Al Hombre Invisible no le gustaba usar mucha ropa. La ropa se hacía visible en su cuerpo invisible. Prefería pasar **desapercibido** y que nadie lo viese.

Estaban en la nueva mansión del conde Drácula, en Virginia. Era una mansión muy grande y muy cara. Estaba rodeada de un pequeño bosque. En Virginia había muchos bosques y colinas. Era un buen lugar para que los monstruos vivieran y **cazaran**.

Estaban esperando a que Drácula regresara a casa. Era su jefe y esta noche era la **reunión mensual** de monstruos. Todos tenían que venir a la mansión. La asistencia era obligatoria para todos los monstruos «clásicos», incluso para los que tenían que viajar desde muy lejos.

–De todos modos, estoy de acuerdo contigo sobre el tema del miedo, Lisandro –dijo Gómez–. No entiendo de qué habla ese **tipo** en la televisión. Si eres un monstruo, por supuesto que debes asustar a la gente.

Pasó la página del periódico, al mismo tiempo que miraba de reojo al Hombre Lobo.

Lisandro frunció el ceño y mostró sus dientes **afilados**.

–Pero tú no eres un monstruo de verdad –dijo–. Solamente eres un humano al que nadie puede ver. Eso no te convierte en monstruo.

–Creo que eso depende de tu definición de «monstruo».

–Pues bien, de acuerdo con mi definición, no eres un monstruo. ¿Dónde está la criatura de Frankenstein? Mira qué tipo tan grande y feo. ¡Ese sí que es un monstruo!

–Silencio –dijo Gómez susurrando–. Baja la voz. ¡Creo que está en casa!

–¿Y qué? No oye nada.

–En eso tienes razón. El viejo Franky es uno de los monstruos más horribles del mundo –respondió el Hombre Invisible–. Yo no me puedo comparar con él. Él es mucho más horrible y da mucho más miedo que yo. Pero yo también doy miedo.

–Tú no das miedo **para nada** –interrumpió el Hombre Lobo.

–Al menos yo soy listo –dijo Gómez, ignorando el insulto–, ¡la criatura de Frankenstein es tan tonta! Nunca podría ser un líder o incluso un buen seguidor. ¿Sabes a lo que me refiero? No tiene mucho potencial para nada.

–No lo conoces muy bien. Es más inteligente de lo que parece. Además, nadie dijo que debes ser inteligente para ser un monstruo.

–Eso ya lo sé –dijo Gómez–. Pero para tener un verdadero impacto sobre el mundo, debes ser inteligente. Mírame a mí, ¡soy médico!

–¡Ah, un médico! ¡Qué importante! –dijo Lisandro abriendo los ojos–. Después hizo una pausa y continuó.

–Supongo que si quieres ser jefe, tienes que ser inteligente –dijo Lisandro–. Pero la mayoría de nosotros no estamos interesados en el poder. **De hecho**, muchos de nosotros somos felices **estando escondidos**. Yo no necesito mucha atención. No necesito ser «importante». Solo necesito asustar a alguna persona **al azar** una vez al mes, o comerme a alguien de vez en cuando, pero no tengo **ansias de poder**. Eso es algo que ya deberías saber a estas alturas.

–Creo que ese es el problema –dijo Gómez–. Necesitamos estar más interesados en el poder. Necesitamos organizarnos mejor. Necesitamos ser más inteligentes, y entonces, ¡podríamos dominar el mundo!

El Hombre Lobo **bostezó**. El Hombre Invisible no estaba prestando atención. Siempre hablaban sobre las mismas cosas y Lisandro ya había escuchado ese discurso antes. El Hombre Invisible solamente estaba interesado en dominar el mundo. Era su obsesión.

Lisandro caminó hacia la cocina para hacer **palomitas** en el microondas.

–Si quieres dominar el planeta, ¡adelante! –gritó desde la cocina–. ¡Nadie te detiene!

–No puedo hacerlo solo. Necesito a los otros monstruos. ¡Debemos trabajar juntos en equipo!

–A la mayoría de los otros monstruos no les interesa ese tema –dijo Lisandro.

Unos minutos más tarde, regresó a la sala de estar. Llevaba un **cuenco** con palomitas.

El Hombre Lobo volvió a cambiar de canal. No había ningún programa bueno. Apagó la televisión y se puso de pie. Al apagar la televisión, la habitación quedó completamente oscura.

–Oye, está demasiado oscuro –se quejó Gómez–. ¡No puedo ver en la oscuridad!

–Yo sí –dijo Lisandro con una sonrisa lobuna.

Caminó hacia la silla en la que estaba sentado el Hombre Invisible. Le cogió el periódico de las manos y lo **hizo pedazos**.

–¡Oye! –gritó Gómez.

–Entonces –dijo el Hombre Lobo–, ahora sabes lo que se siente cuando no puedes ver a alguien. Es molesto, ¿no?

–**No puedo evitar** ser invisible –dijo Gómez–. ¡Yo no pedí ser así!

–¡Sí que lo hiciste! ¡Hiciste la poción que te convirtió en invisible a propósito!

–Bueno... Sí, creo que tienes razón pero... –dijo Gómez tropezándose con una mesa pequeña–. ¡Enciende la luz, por favor! ¡Ya está bien!

Fuera, en la oscuridad, se oyó el **aullido** de un perro. Se abrió una puerta y una brisa corrió en la habitación. Drácula había entrado sin hacer ningún ruido.

–Buenas noches –dijo. Encendió un **interruptor** con un dedo largo–. ¿De qué estáis hablando los dos en la oscuridad?

–Estamos diciendo que los monstruos son tontos – dijo el Hombre Invisible.

–Comprendo –dijo Drácula–. Espero que no os refirieseis a mí.

El viejo vampiro miró directamente a Gómez y sonrió para mostrar sus dientes afilados.

Anexo del capítulo 1

Resumen

Es la hora de la reunión mensual de monstruos. Lisandro, el Hombre Lobo y Gómez, el Hombre Invisible, están en la mansión de Drácula, en Virginia. Lisandro y Gómez discuten sobre la falta de inteligencia de los monstruos. Gómez piensa que los monstruos deberían dominar el mundo, pero que no son lo suficientemente inteligentes para lograrlo. El Hombre Lobo dice que él no quiere controlar el mundo. Drácula regresa y quiere saber de qué estaban hablando.

Vocabulario

peludo/-a hairy
el/la lobo/(a) wolf/she-wolf
aplastar to crush, to smash
asustar to scare
el patinaje sobre hielo ice-skating
olfatear to sniff
engañar to fool, to cheat
desapercibido/-a unnoticed
cazar to hunt
la reunión mensual monthly meeting
el/la tipo/(a) guy/girl
afilado/-a sharp
para nada not at all
de hecho in fact
estar escondido/-a to be hidden
al azar at random
el ansia de poder craving for power
bostezar to yawn
las palomitas popcorn
el cuenco bowl

hacer pedazos to tear, to pull to pieces
no puedo evitar I cannot help
el aullido howl
el interruptor switch

Preguntas de elección múltiple

Seleccione una única respuesta para cada pregunta.

1) ¿Qué ropa lleva puesta Gómez?
   a. nada
   b. un traje
   c. unos pantalones cortos
   d. un pijama

2) ¿Cómo consigue saber Lisandro que el otro monstruo es Gómez?
   a. Reconoce su olor.
   b. Lo puede ver en la oscuridad.
   c. Puede ver a la gente invisible.
   d. Reconoce su voz.

3) Según Lisandro y Gómez, ¿quién es el monstruo más horrible?
   a. Drácula
   b. el Hombre Lobo
   c. la criatura del Pantano
   d. la criatura de Frankenstein

4) ¿Qué tiene de bonito la mansión de Drácula?
   a. Tiene una cocina grande.
   b. Está rodeada de un pequeño bosque.
   c. Tiene cinco baños.
   d. Tiene una piscina.

5) ¿Con qué está obsesionado Gómez?
   a. con las palomitas
   b. con no usar ropa
   c. con dominar el mundo
   d. con la televisión

Capítulo 2 – El desafío

De alguna manera, Drácula siempre sabía dónde estaba el Hombre Invisible. ¡Eso le volvía loco a Gómez! Los vampiros tenían muchos poderes secretos. Como Drácula era el vampiro más viejo, tenía muchas habilidades. Nunca le decía a nadie todo lo que podía hacer. Le gustaba ser misterioso.

–No me refería a ti, jefe –dijo Gómez con nerviosismo–. De hecho, Lisandro fue el que **sacó el tema**. Dijo que la mayoría de los monstruos eran poco inteligentes.

Drácula sonrió con una sonrisa horrible. Tenía los labios de color rojo muy oscuro que contrastaban con la palidez de su cara.

–Por supuesto que los monstruos son estúpidos, pero son más inteligentes que los humanos. Todo el mundo lo sabe.

El Hombre Invisible sabía que la respuesta de Drácula era un insulto. Siempre sería humano para los otros monstruos. Pero la mayor parte del tiempo «se sentía» como un monstruo, **a pesar de** no serlo. Los humanos normales no podían verlo y eso le hacía tan diferente que tampoco lo aceptaba. Por eso, quería trabajar con los monstruos para conquistar el mundo, pero necesitaba que hicieran lo que él quería…

–El señor Hyde es un tipo inteligente –dijo el Hombre Lobo mientras cogía su cuenco de palomitas–. Pero a veces me parece que el monstruo típico es realmente tonto. Está claro que necesitamos un mejor sistema educativo, Drácula.

Nadie le hablaba a Drácula de esa manera, excepto Lisandro. Los demás monstruos le tenían miedo al viejo vampiro. Y tenían razón en tenerle miedo, pero el vampiro y el Hombre Lobo eran buenos amigos. A veces **hasta** salían a cazar juntos.

–No necesitamos monstruos más inteligentes. Tenemos algunos brillantes –afirmó Drácula–. El señor Hyde, tú, yo... De hecho, yo soy el más brillante de todos.

–Claro que lo eres, jefe –dijo el Hombre Invisible. Hizo un gesto con el **pulgar** hacia arriba, pero nadie lo vio.

Pero Lisandro era muy poderoso y muy atrevido. **Desafió** al viejo vampiro.

–¿Estás seguro de que eres el más inteligente de todos nosotros? –preguntó.

–¿Quién es más brillante que yo? ¡Dime el nombre de un monstruo más inteligente que yo! ¡A que no puedes!

–Estoy pensando –dijo el Hombre Lobo, **masticando** un puñado de palomitas. Se lamió la sal de sus largas uñas–. ¿Qué te parece la tipa esa con los vendajes?

–¿De qué tipa hablas? –dijo el Hombre Invisible–. ¿Quieres decir la que está toda **envuelta**?

–Sí, está toda envuelta en vendajes...

Drácula se rio y el suelo tembló.

–¿Te refieres a la Momia? ¿Estás bromeando? ¡No puede ser más tonta!

Los ojos del Hombre Lobo brillaban con un resplandor rojo intenso.

–La Momia puede ser tonta ahora, pero no fue siempre así. ¡Antes de morir gobernaba Egipto! Era una persona inteligente en los viejos tiempos.

–Eso es solo un rumor –dijo Drácula **poniendo los ojos en blanco**–. Cualquiera puede decir:«Yo gobernaba Egipto». **Diga lo que diga**, nunca ha podido probar que fuera verdad.

Lisandro **se rascó** la espalda.

–¿Y por qué mentiría al respecto?

–¡Está loca! ¡El mes pasado dijo que había ganado la medalla de oro olímpica de natación!

El Hombre Invisible tosió.

–Lo recuerdo –dijo mientras intentaba meter la mano a escondidas en el cuenco de palomitas. Pero el Hombre Lobo se dio cuenta y le golpeó en la mano.

–No toques mis palomitas. ¡Prepárate tus propias palomitas!

De repente, la puerta se abrió y otra persona entró en la habitación. En realidad, no era una persona, era la **Criatura del Pantano**.

–¡Es cierto! –dijo la Criatura del Pantano.

Los otros monstruos no la entendían muy bien. No hablaba muy bien español. Tenía la boca grande como un pez, y no le gustaba estar fuera del agua. La mayor parte del tiempo vivía en las aguas oscuras del pantano, pero esa noche había salido para asistir a la reunión mensual de los monstruos.

–Es cierto –repitió la Criatura del Pantano–. ¡Hace miles de años la Momia era una faraona egipcia!

–Lo dudo –dijo Drácula sonriendo–. Pero no importa. No era un monstruo **en aquella época**. Eso es lo que estamos diciendo. La Momia se convirtió en un monstruo más adelante, después de que murió y regresó al **mundo de los vivos**.

–¿Cómo lo hizo? –preguntó el Hombre Invisible–. Me gustaría regresar **de entre los muertos**.

–Déjame que te ayude –dijo Drácula acercándose.

–¡Espera! ¡No quiero regresar como un vampiro!

–¿Prefieres volver como una momia sin cerebro?

–No…, pero no quiero beber sangre.

–¿La has probado alguna vez?

–¡No! **¡Qué asco**…!

Drácula le echó «la mirada malvada».

–Quiero decir, ejem… Seguro que no está tan mal. Pero –le dijo Gómez a su jefe– alguna vez fuiste humano, ¿no, Conde Drácula?

–Todos los vampiros comenzamos siendo humanos, luego nos convertimos en vampiros.

–¿Para eso debéis morir?

–Es complicado, pero sí.

–¡Entonces, técnicamente, eres como la Momia! –dijo el Hombre Invisible.

El comentario fue un error. Drácula voló a través de la habitación y cogió a Gómez por su cuello invisible.

–¡No me compares con ella!

–¡Espera, espera…! ¿Me vas a matar?

–Lo estoy pensando –dijo Drácula–. Es probable.

–No me conviertas en vampiro. Quiero seguir siendo humano.

–¿Por qué? –preguntó Lisandro escupiendo un grano de palomitas–. ¡Siempre has dicho que quieres ser un monstruo! ¡Esta es tu oportunidad!

–¡Espera! ¡No! Quiero seguir siendo humano –gritó Gómez–. Porque no quiero **volverme tonto**. No seré la persona más inteligente sobre la Tierra…

–¡Eres el más tonto! –dijo Drácula acercando sus dientes afilados a la cara de Gómez.

–… ¡pero incluso el más tonto de los humanos es más inteligente que el más inteligente de los monstruos!

Drácula estaba tan enfadado que lanzó a Gómez fuera de la habitación. Nadie vio al Hombre Invisible, pero vieron cómo se rompía la ventana. Drácula había lanzado a Gómez a través de la ventana. Había caído en un **arbusto tupido** en el jardín.

Gómez se puso de pie. Miró a través de la ventana y gritó.

–¡Estoy bien! ¡Y te desafío, Drácula, a una competición!

–No me lo puedo creer –dijo el Hombre Lobo mirando al Hombre Invisible–. ¡Nunca deberías desafiar al rey de los vampiros a pelear! ¡Nunca!

–¡Te haré pedazos! –gritó Drácula mientras caminaba hacia Gómez.

–No, no quiero una pelea –dijo el Hombre Invisible rápidamente mientras entraba a gatas a través de la ventana rota–. Tú dices que eres el monstruo más inteligente, y que yo soy el humano más tonto.

¡Veremos si el humano más tonto es más inteligente que el monstruo más inteligente! ¡Ese es mi **reto**!

Los otros monstruos miraron a su jefe. Drácula no tenía opción. Aceptó el reto.

Anexo del capítulo 2

Resumen

Gómez compara a Drácula con la Momia. A Drácula no le gusta la Momia, así que se enfada y lanza a Gómez por la ventana. Gómez cae a un arbusto, no le pasa nada, pero se enfada. Se levanta y desafía a Drácula a una competición. No quiere pelear, pero quiere hacer una competición para ver quién es más inteligente: ¡un monstruo o un humano! Drácula acepta el reto.

Vocabulario

de alguna manera somehow
sacar el tema to bring up the topic
a pesar de in spite of
hasta even
el pulgar thumb
desafiar to challenge, to dare
masticar to chew
envuelto/-a wrapped (up)
poner los ojos en blanco to roll one's eyes (usually in disbelief)
diga lo que diga whatever he/she says
rascarse to scratch
la Criatura del Pantano swamp monster
en aquella época in those days, at that time
el mundo de los vivos the world of the living
de entre los muertos from the dead
¡Qué asco! How disgusting!
volverse tonto/-a to become stupid
arbusto tupido thick bush
el reto challenge

Preguntas de elección múltiple

Seleccione una única respuesta para cada pregunta.

6) Lisandro le dice lo que quiere a Drácula porque él es ____.
    a. más fuerte que Drácula
    b. amigo de Drácula
    c. más viejo que Drácula
    d. más inteligente que Drácula

7) ¿Qué país gobernaba la Momia?
    a. Virginia
    b. Transilvania
    c. Egipto
    d. Alemania

8) ¿Por qué Gómez no quiere que Drácula lo convierta en vampiro?
    a. Porque no quiere beber sangre.
    b. Porque tiene miedo de morir.
    c. Porque no le gustan los vampiros.
    d. Porque piensa que se volverá tonto.

9) ¿A cuál de estos monstruos no le gusta la Momia?
    a. a la Criatura del Pantano
    b. a Lisandro
    c. a Gómez
    d. a Drácula

10) ¿Por qué Gómez desafía a Drácula?
    a. Porque piensa que es más inteligente que Drácula.
    b. Porque cree que es más fuerte que Drácula.
    c. Porque quiere que Drácula lo mate.
    d. Porque quiere que Lisandro mate a Drácula.

Capítulo 3 – A los monstruos les encantan las trampas

Gómez explicó las **reglas** de su reto en la reunión de los monstruos. Quería ser el próximo líder de los monstruos. Entonces ellos podrían avanzar y llegar a dominar el mundo. ¡Esta era su gran oportunidad!

–¿Quién es el más poderoso de los monstruos? Sabemos que es el Conde Drácula, ¡nuestro líder! –dijo.

Los demás monstruos estaban sentados en la sala de estar, escuchando. La criatura de Frankenstein había llegado finalmente, y había algunos zombis sentados en el suelo. También estaban la **Bruja** del Este, el señor Hyde (que había volado desde Inglaterra) y la anciana Momia. La Momia estaba demasiado rígida para sentarse, así que se quedó de pie en una esquina. Se puso lejos de la chimenea.

–¿Y, quién es el más inteligente de los monstruos?

El Hombre Invisible esperó a que alguien diera una respuesta.

–Drácula –dijo Drácula mirando alrededor con rabia–. No **desperdicies** más nuestro tiempo. ¿Qué quieres decir, doctor Gómez?

–Sí, tú eres el más inteligente –afirmó Gómez–. Drácula es el monstruo más inteligente y más poderoso. Y, ¿qué ha hecho por nosotros?

Los demás monstruos miraron a su alrededor. Drácula se cruzó de brazos y levantó las cejas, pero no dijo nada.

–¿Nadie va a decir nada? –preguntó Gómez–. **Permitidme** que os pregunte otra vez: si él es lo mejor que tenemos, ¿qué podemos decir que ha hecho por nosotros? ¡Nada! Después de tantos años, seguimos **escondiéndonos** en las sombras. Actuamos como si tuviésemos miedo de los humanos. ¡Nosotros deberíamos **estar a cargo** de ellos!

–Tenemos nuestro propio canal de televisión –dijo la Criatura del Pantano.

Los demás asintieron con la cabeza.

–¡Y es malísimo! –dijo Gómez–. Lo único que ponen son repeticiones de programas viejos y hockey sobre hielo. ¡Nada interesante!

–Bueno, a mí me gusta el hockey sobre hielo –dijo Lisandro mirando a su alrededor.

Varios monstruos asintieron con la cabeza.

–¿Qué quieres decir? –dijo Drácula. Tenía curiosidad sobre el reto.

–Vosotros me habéis permitido ser parte del equipo de los monstruos. Aunque sea humano, me dejáis actuar como un monstruo. Os lo **agradezco** –así empezó el Hombre Invisible–. Pero ahora, ¡dejadme que os ayude! Vosotros sois mis hermanos y mis hermanas. Puedo daros mucho más que lo que ha hecho Drácula. Él era humano hace muchos, muchos años, pero se ha olvidado de la **codicia** y de la ambición humana. ¡Se ha hecho vago!

Los ojos de Drácula brillaban de rabia. Se mordió el labio. En aquel momento hubiera matado a Gómez, pero decidió esperar. Él también quería saber de qué trataba ese reto.

Gómez se dio cuenta de que los otros monstruos **se estaban inquietando**, y entonces anunció:

–Reto a Drácula a demostrar quién es el líder de los monstruos –dijo en voz alta.

Se hizo el silencio en la habitación. Gómez continuó hablando.

–Esto es lo que necesito de vosotros: tenéis que construir dos **trampas**. Construid ambas trampas exactamente iguales. Deben ser idénticas y deben tener solo una manera de escaparse de ellas. Yo no la conoceré, y Drácula tampoco la conocerá. No nos digáis cómo escapar. El que pueda encontrar la forma de escapar de la trampa será el líder de todos.

–¿Eso es todo? –preguntó Lisandro–. Parece muy fácil.

El Hombre Lobo miró alrededor de la habitación.

–¿Qué opináis vosotros? ¿Estáis de acuerdo con el plan?

Todo el mundo sabe que a los monstruos les encantan las trampas. Algunos de ellos saben hacer trampas muy buenas. Les encanta escaparse de las trampas. Se rieron, **gruñeron** y aplaudieron. Estaban de acuerdo con el plan del Hombre Invisible. Lisandro asintió con su cabeza peluda y le preguntó a su jefe:

–¿Qué opinas, Conde Drácula?

–Soy más inteligente que este tonto–dijo señalando al Hombre Invisible–. Escaparé de cualquier trampa que construyáis en unos segundos. Pero no debéis usar **ajo** ni cruces –dijo–. Eso no sería justo. A los humanos no les importan esas cosas, pero yo odio el ajo y ¡de verdad que odio las cruces!

–Y nada de magia –añadió Gómez–.

Los monstruos presentes en la habitación asintieron.

–Entonces estamos todos de acuerdo –indicó Gómez–. ¿Cuánto tiempo llevará construir las trampas?

Kara, la Bruja del Este, llamó a sus amigas. Volaron a Virginia sobre sus escobas. Las brujas son muy buenas constructoras de trampas.

–Tenemos que hacer dos cajas negras. Deben estar hechas a prueba de escape, pero recordad, ¡nada de magia! Tampoco ajos ni cruces –dijo Kara–. Y también es necesario... –comenzó a decir, pero de repente, dos brujas más llegaron y tuvo que saludarlas. No pudo terminar la frase.

Las brujas construyeron dos cajas negras enormes hechas de metal pesado. No había puertas ni ventanas. Solamente había un pequeño agujero abierto. El agujero era lo suficientemente grande para que entrara una persona, y una vez que la persona entrase, las brujas cerrarían el agujero. Usarían **sopletes** que calentasen lo suficiente para **derretir** el metal pesado. Sería como si el agujero jamás hubiese existido y las cajas no tendrían salida.

Mientras Kara finalizaba la segunda caja, llamó a los otros monstruos.

–¡Decidle al Conde Drácula que las trampas están listas!

Drácula estaba impresionado. Las brujas trabajaban rápido. Habían construido las trampas en menos de una semana. Pusieron las trampas cerca de la orilla del pantano de Fondo Brumoso.

–Muy buen trabajo, señoras –dijo Drácula con una sonrisa que daba miedo.

Todo estaba listo para empezar. Los demás monstruos se habían reunido para ver la competición. Había luna llena y luz. Era muy tarde. La competición comenzaría a medianoche.

–¿Dónde está Gómez? –preguntó el señor Hyde–. ¿Se asustó y se fue corriendo?

Lisandro olfateó el aire.

–No, está aquí. Puedo oler su ropa **apestosa**.

Gómez, el Hombre Invisible, salió de su escondite. Estaba vestido y tenía la cara envuelta en vendajes blancos. También llevaba gafas de sol. Así se aseguraba de que todos pudieran verlo fácilmente.

–Siento llegar tarde –dijo en voz baja. Caminó hacia adelante, hacia las cajas negras, mirando directamente a Drácula–. Bien, no hay motivo para **retrasarnos**. ¡Comencemos!

Gómez entró en la primera caja. Los demás miraron a Drácula atentamente. Drácula se encogió de hombros y entró en la segunda caja.

–**Selladlas** –dijo Lisandro.

Las brujas cogieron los sopletes y sellaron los agujeros. Una vez que los agujeros estaban sellados, el Hombre Lobo asintió con la cabeza.

–¡Ahora, Criatura del Pantano! ¡**Empuja** las cajas dentro del pantano!

–¡No sabía que eso era parte del plan! –dijo el señor Hyde.

Lisandro lo miró sonriendo.

–Ahora lo es. Tenemos que estar seguros de que no hay agujeros en las cajas. ¡Hazlo, Criatura del Pantano!

La Criatura del Pantano tenía una fuerza increíble. Empujó las dos cajas pesadas al agua sin ningún problema. Se hundieron hasta el fondo del pantano. No salían **burbujas** de aire. No había agujeros en las cajas.

–¿Y ahora qué? –preguntó el señor Hyde.

–Ahora tenemos que esperar –dijo Lisandro mientras sacaba comida de su bolsillo.

Los monstruos se pusieron de pie y esperaron... y esperaron. Esperaron toda la noche, pero ni Drácula ni Gómez se escaparon de las cajas en ningún momento.

–¿Y ahora qué hacemos? –preguntó Kara.

–Creo que deberíamos celebrar el fin de la competición –dijo una voz que venía del bosque–. ¡Tenemos un **ganador**!

Gómez saltó desde lo alto de un árbol. Vestía una **sábana** blanca. Dijo:

–¡Buuu!

Los otros monstruos saltaron y gritaron. Lisandro, el Hombre Lobo, sonrió.

–Entonces... ¿Cómo conseguiste escapar?

–No tuve que escapar porque no entré en la caja – explicó Gómez.

–¿Qué? ¿Y entonces quién entró? –preguntó el señor Hyde.

–¡Esa tonta, la Momia! La engañé. La vestí como yo y le puse un **altavoz** en el bolsillo –dijo Gómez, sosteniendo un pequeño micrófono en la mano–. Vosotros oísteis mi voz, pero sonaba como si viniese de ella.

Lisandro se rio y le dio una **palmada** a Gómez en la espalda.

–¡Muy divertido! Drácula se va a enfadar mucho cuando escape.

Las brujas se miraron entre sí.

–¿Qué quieres decir, cuando escape? Las cajas están selladas. **No hay forma de** escapar.

Kara se dio una palmada en la frente.

–¡Me olvidé de decirles cómo salir!

Gómez abrió mucho los ojos.

–¡Se suponía que debía haber una forma de escapar de las trampas! ¡Qué monstruos tan tontos!

–Ves, te dije que los monstruos son más tontos que los humanos –dijo Gómez.

–Entonces tienes razón –dijo Lisandro mirando alrededor a los otros monstruos–. ¡Tenemos un ganador! Por favor, saludad a nuestro nuevo líder, el señor Gómez, también conocido como el Hombre Invisible.

Lisandro se volvió hacia Gómez y le dijo en voz baja.

–Me equivoqué contigo, Gómez. «Sí eres» un monstruo. ¡El peor tipo de monstruo!

–El ser humano –dijo Gómez, riéndose y volviéndose hacia el grupo–. Y ahora, hablemos sobre cómo dominar el mundo...

Anexo del capítulo 3

Resumen

Gómez les cuenta a los demás monstruos en qué consiste su reto. Quiere que los monstruos construyan dos trampas. Él entrará en una, y Drácula entrará en la otra. La Bruja del Este y sus amigas construyen dos cajas. Cuando Gómez y Drácula entran en las cajas, la Criatura del Pantano las empuja dentro del agua. Después, Gómez aparece en lo alto de un árbol, donde estaba escondido. Les explica que engañó a la Momia para que entrara en la caja en su lugar. Luego, Lisandro se da cuenta de que, al construir las trampas, las brujas las habían hecho de forma que no se pudieran escapar. ¡Gómez gana el reto!

Vocabulario

la regla rule

el/la brujo/(a) wizard/witch

desperdiciar to waste

permitir to allow

esconderse to hide

estar a cargo to be in charge

agradecer to appreciate, to be grateful

la codicia greed

inquietarse to worry, to fret

la trampa trap

gruñir to growl

el ajo garlic

el soplete blowtorch

derretir to melt

apestoso/-a smelly, stinky

retrasarse to be delayed

sellar to seal

empujar to push

la burbuja bubble

el/la ganador/(a) winner

la sábana bed sheet

el altavoz speaker

la palmada slap

no hay forma de there is no way of

Preguntas de elección múltiple

Seleccione una única respuesta para cada pregunta.

11) Los monstruos están de acuerdo con el reto de Gómez porque ____ .

    a. ellos piensan que Gómez morirá

    b. ellos piensan que Drácula morirá

    c. a ellos les gustan las trampas

    d. a ellos les gustan los pantanos

12) Drácula acepta participar en el reto, siempre y cuando no usen ____.

    a. ajos ni tréboles

    b. cruces ni objetos de metal

    c. ajos ni agua del pantano

    d. cruces ni ajos

13) Las cajas negras están hechas de ____.

    a. madera

    b. cemento

    c. paja

    d. metal

14) ¿Qué usa Gómez para que parezca que su voz sale de la Momia?
   a. una grabación
   b. un micrófono y un altavoz
   c. un micrófono y una radio
   d. el altavoz de un teléfono

15) ¿Cómo escaparán de las cajas Drácula y la Momia?
   a. No podrán escapar.
   b. Esperarán hasta que salga el sol.
   c. Nadarán hasta salir del pantano.
   d. Usarán las puertas de las cajas.

Answer Key

Soñando con fuego: *Capítulo 1*: 1. b, 2. c, 3. c, 4. a, 5. c; *Capítulo 2*: 6. c, 7. d, 8. a, 9. b, 10. c; *Capítulo 3*: 11. b, 12. b, 13. a, 14. b. 15. a

Persevera y triunfarás: *Capítulo 1*: 1. c, 2. a, 3. b, 4. c, 5. c; *Capítulo 2*: 6. c, 7. b, 8. c, 9. d, 10. d; *Capítulo 3*: 11. c, 12. a, 13. a, 14. d. 15. c

Un pueblo temible: *Capítulo 1*: 1. b, 2. d, 3. a, 4. a, 5. b; *Capítulo 2*: 6. a, 7. c, 8. d, 9. c, 10. b; *Capítulo 3*: 11. a, 12. a, 13. c, 14. a, 15. c

Mi amigo, el superordenador: *Capítulo 1*: 1. c, 2. b, 3. a, 4. c, 5. d; *Capítulo 2*: 6. d, 7. a, 8. d, 9. c, 10. d; *Capítulo 3*: 11. d, 12. b, 13. a, 14. d, 15. c

Matt Magee y la receta secreta de refresco: *Capítulo 1*: 1. d, 2. c, 3. d, 4. a, 5. d; *Capítulo 2*: 6. c, 7. a, 8. d, 9. a, 10. c; *Capítulo 3*: 11. d, 12. d, 13. a, 14. c, 15. b

El pueblo de Calavera: *Capítulo 1*: 1. a, 2. c, 3. a, 4. b, 5. b; *Capítulo 2*: 6. a, 7. c, 8. a, 9. b, 10. d; *Capítulo 3*: 11. a, 12. a, 13. c, 14. b, 15. d

Problemas del corazón: *Capítulo 1*: 1. b, 2. d, 3. c, 4. c, 5. a; *Capítulo 2*: 6. b, 7. b, 8. d, 9. c, 10. d; *Capítulo 3*: 11. d, 12. c, 13. b, 14. d, 15. d

El desafío de los monstruos: *Capítulo 1*: 1. c, 2. a, 3. d, 4. b, 5. c; *Capítulo 2*: 6. b, 7. c, 8. a, 9. d, 10. a; *Capítulo 3*: 11. c, 12. d, 13. d, 14. b, 15. a

Spanish–English Glossary

A

a menos que unless
a mí no me sirve it's no use to me
a pesar de in spite of
a propósito on purpose
abalanzar(se) to pounce
abastecer to supply
abuchear to jeer
aburrirse to get bored
acerca de about
acercarse to approach, to get closer
aclamar to acclaim, to cheer
acuario (el) aquarium
adivinar to guess
afilado/afilada (m/f) sharp
agarrar to grab
agitar los brazos to wave
agradar to please
agradecer to appreciate
agregarse a sí mismo/misma to add oneself
aguantar to bear, to put up with
ajo (el) garlic
al azar at random
alarma de incendios (la) fire alarm
alejarse to walk away, to move away (from someone or something)

alforja (la) saddlebag
aliento (el) breath
aliviado/aliviada (m/f) relieved
almuerzo (el) lunch
altavoz (el) speaker
alzar to raise up, to lift
amarrar to tie up
amedrentador/amendrentadora (m/f) intimidating
amenazar to threaten
ansia de poder (el) craving for power
anzuelo (el) hook
apagar to switch off
apartar to push away
apartar(se) to move away
apestoso/apestosa (m/f) smelly, stinky
aplastar to crush, to smash
apostar to bet
apresar to capture, to catch
apresurarse to hurry
aprovechar la oportunidad to take advantage of the opportunity
apuesta (la) bet
apuesto/apuesta (m/f) good-looking
apurarse to hurry up

arbusto tupido (el) thick bush

arete (el) earring

arrancar to start

arrastrar to drag

arrastrarse to pull oneself along on the stomach

arreglar to mend, to fix

arriesgar to risk, to take a chance

arrojar to throw

arrugado/arrugada (m/f) wrinkled

arruinar to ruin

asaltar to storm, to assault

asegurarse to make sure

asentir con la cabeza to nod in agreement

asignatura (la) subject

asustado/asustada (m/f) scared

asustar to scare

asustarse to get scared

atado/atada (m/f) tied

atar to tie

atascado/atascada (m/f) stuck

atrapado/atrapada (m/f) trapped

atrapar to catch

atrevido/atrevida (m/f) daring

aullido (el) howl

auricular (el) earpiece

avergonzado/avergonzada (m/f) ashamed

aviso (el) notice, warning

B

bandido (el) bandit, outlaw

barra (la) bar

bastón (el) walking stick

bloquear to block

bloqueo de seguridad (el) security block

boquilla (la) nozzle

bostezar to yawn

brillar to shine

bromear to joke

bruja (la) witch

burbuja (la) bubble

burro/burra (el/la) donkey

buzón de voz (el) voicemail

C

cabaña de troncos (la) log cabin

caerse to fall down

caerse a alguien algo to drop something

caérsele el alma a los pies to have one's heart sink, to experience heavy disappointment

caminar de puntillas to walk on tiptoe

canal de noticias (el) news station

cansarse to get tired

carcajada (la) loud laugh

cargar en la cuenta de alguien to charge to one's bill

carpeta (la) folder

cazar to hunt

celosa/celosa (m/f) jealous

cerebro (el) brain

chasquear los dedos to snap one's fingers

chillar to scream

chillido (el) shriek

chocarse contra to crash into

chorro (el) jet or stream of liquid

chulo/chula (m/f) cool

cicatriz (la) scar

cinta transportadora (la) conveyor belt

codicia (la) greed

cojear to limp

colgar el teléfono to hang up/put the phone down

cometer un error to make a mistake

concentrarse to focus

concurrido/concurrida (m/f) crowded

conocer to get to know, to meet

convertirse en realidad to turn into reality, to come true

coquetear to flirt

corona (la) crown

cortar el paso a alguien to cut someone off

cómodo/cómoda (m/f) comfortable

crecer to grow

cresta (la) mohawk

Criatura del Pantano (la) swamp monster

cruzar los brazos to cross one's arms

cuando acabábamos de empezar when we had just started

cuba (la) barrel

cuenco (el) bowl

cuero (el) leather

cuidadoso/cuidadosa (m/f) careful

culpa (la) blame

culpar to blame

curtido/curtida (m/f) tanned

D

dar a alguien un codazo en las costillas to give someone a nudge in the ribs

darse cuenta to notice

de alguna manera somehow

de contrabando contraband, smuggled items

de entre los muertos from the dead

de esa manera this way

de hecho in fact

de veras real, really

defecto (el) fault

¡Déjala en paz! Leave her alone!

dejar de culpar to stop blaming

dejar escapar un suspiro to let out a sigh

demandar to sue

derramarse to spill

derretir to melt

derrumbarse to collapse

desafiar to challenge

desagradable (m/f) unpleasant

desapercibido/ desapercibida (m/f) unnoticed

desarrollo (el) development

descargar los datos to download data

desconocido/desconocida (el/la) stranger

desencadenar to trigger

desgastado/desgastada (m/f) worn out

deshacer to undo

deshacerse de to get rid of

deslizar(se) to slide

desperdiciar to waste

desviar la mirada to look away

detener(se) to stop

diga lo que diga whatever he/she says

doblar la esquina to turn the corner

dubitativo/dubitativa (m/f) doubtful

duda (la) doubt

dudoso/dudosa (m/f) doubtful

dueño/dueña (el/la) owner

E

echar un vistazo to take a look, to have a look

echar a alguien a un lado to push someone aside

echar de menos (a alguien) to miss (someone), to want to see someone again

ejército (el) army

empacar to pack

empujar to push

en esa época in those days

encajar to fit

encender to turn on

encerrado/encerrada (m/f) locked in

encogerse de hombros to shrug one's shoulders

enfadarse to get angry

enfocar to focus

engañar to fool, to cheat

enloquecer to go crazy

enroscar to curl

enterar to find out

envenenado/envenenada (m/f) poisoned

envuelto/envuelta (m/f) wrapped

¿Es una indirecta? Is that a hint?

escapar to run away

esclavo/esclava (el/la) slave

escoger to choose

escupir to spit

Eso sí que no. Definitely not.

espantar to scare

espantoso/espantosa (m/f) frightening

espejo (el) mirror

esperanza (la) hope

estar a cargo to be in charge

estar agarrado/agarrada de la mano to be holding hands

estar en camino to be on one's way

estar encima de (alguien)
to be very close to someone
estar escondido/escondida
(m/f) to be hidden
estar listo/lista (m/f) to be
ready
**estás actuando de forma
muy rara** you are acting in a
very strange way
estirar to stretch
estornudar to sneeze
**estrechar la mano a
alguien** to shake hands with
somebody
estropear to spoil, to ruin
extintor de incendios (el)
fire extinguisher

F
fantasma (el) ghost
finamente molido/molida
(m/f) finely ground
fingir to pretend
flacucho/flacucha (m/f) skinny
forastero (el) stranger,
outsider
fornido/fornida (m/f) hefty,
well-built
forzar to force
frenéticamente frantically
fruncir el ceño to frown
fusionar(se) to fuse
(together)

G
ganador (el) winner
ganar to win
gatear to crawl

gazpacho (el) a cold soup
of raw blended vegetables
(a typical Spanish dish)
gemir to moan
gentío (el) crowd
girarse to turn around
golosinas (las) sweets
golpear to pound, to hit with
force
golpecito (el) light punch
grabar to record
gritar to shout
grosero/grosera (m/f) rude
gruñir to growl
guiñar el ojo to wink one's eye
guiso (el) stew

H
hace un rato a short while
ago
hacer pedazos to tear, to pull
to pieces
hacer un favor a alguien to
do someone a favour
hacerse realidad to become
true
**hacerse un nudo en la
garganta** to have a lump in
one's throat
hacha (el) ax/axe
hasta even
hasta aquí hemos llegado
this is the limit
hecho (el) fact
herido/herida (m/f) hurt
hora punta (la) rush hour
hormigón (el) concrete
huir to run away

I

incredulidad (la) disbelief

inhalar to inhale

inquietarse to worry, to fret

interruptor (el) switch

introducir el código to enter the code

inversor/inversora (el/la) investor

ir en busca de to go in search of

ira (la) wrath

J

jarabe (el) syrup

jaula (la) cage

jinete (el/la) horseman/horsewoman

jugar a las adivinanzas to play a guessing game

jurar to swear

L

ladrón/ladrona (el/la) thief

lastimar to hurt

le dio un vuelco el corazón his/her heart missed a beat

lista de contactos (la) contact list

llevarse bien to get along, to get on well

Lo hecho, hecho está. What is done cannot be undone.

lobo (el) wolf

luchador/luchadora (el/la) fighter

M

madrugada (la) dawn

manejar to manage

manilla (la) handle

manta (la) blanket

mantener conectado/conectada to keep connected

mantenerse de pie to stay standing, to stay on one's feet

marcar to dial

masticar to chew

mayordomo (el) butler

Me dio pena. I felt sorry for him.

mejillas rosadas (las) red cheeks

mejorar las notas to improve one's grades

memoria a largo plazo long-term memory

menor de edad underage

menudo/menuda (m/f) small

mentir to lie

merecerse to deserve

meter debajo de to put under

meterse en problemas to get into trouble

minero/minera (el/la) miner

mirar fijamente to stare

mirarse entre sí to look at each other

molestar to disturb

momento oportuno (el) the right moment

montarse en un caballo/montar a caballo to ride a horse

morderse el labio to bite
one's lip

mudarse to move (house)

mundo de los vivos (el) the
world of the living

muñeca (la) wrist

muy a menudo very often

N

nada que ver con it has
nothing to do with

navegador (el) GPS system

negar con la cabeza to
shake one's head

¡Ni siquiera os conocemos!
We don't even know you!

no había marcha atrás
there was no going back

no hacerle caso a alguien
to pay no attention to
someone

no hay forma de there is no
way of

no les caía bien they didn't
like him

no puedo evitar I cannot help

¿No te parece? Don't you
think so?

No te quedes parado don't
just stand there

no tener escapatoria to
have no escape

nota media (la) average
grade

notar to notice

notas (las) grades, marks

nube de polvo (la) cloud of
dust

O

obligar to force

obtener to get

ocurrir to happen

odiar to hate

oler to smell

olfatear to sniff

olvidar(se) to forget

orgulloso/orgullosa (m/f)
proud

¡Os merecéis el uno al otro!
You deserve each other!

oscuridad (la) darkness

P

palmada (la) slap

palomitas (las) popcorn

para nada not at all

parecer to seem

pariente parienta (el/la)
relative

parpadear to blink

partirse de risa to crack up,
to split one's sides laughing

pasar a escondidas to sneak in

pasar por debajo de to pass
under

patinaje sobre hielo (el)
ice-skating

pegajoso/pegajosa (m/f)
sticky

peligroso/peligrosa (m/f)
dangerous

peludo/peluda (m/f) hairy

perdedor/perdedora (m/f)
loser

pérdidas (las) losses

permanecer to remain

permitir to allow
perseguir to chase
persona rica (la) wealthy person
pila (la) pile
pista de baile (la) dance floor
plateado/plateada (m/f) silvery
polvoriento/polvorienta (m/f) dusty
pomo (el) knob
poner los ojos en blanco to roll one's eyes (usually in disbelief)
ponerse de pie to stand up
por ningún lado nowhere
potente (m/f) powerful
predecir to predict
preocuparse to worry
prepararse to get ready
preso/presa (m/f) imprisoned
proponerle matrimonio (a alguien) to propose to someone
prueba (la) test, proof
pulgar (el) thumb

Q
¡Qué asco! Yuck!
quedar to meet
quedarse en silencio to stay silent
quedarse sin aliento to get out of breath
quedarse sin trabajo to lose one's job
quejarse to complain
quemar to burn

quien sea que lo haya hecho whoever did it
quirúrgicamente surgically
quisquilloso/quisquillosa (m/f) fussy
quitar el polvo a algo to dust something off
¡Quítate de encima! Get off me!

R
rabia (la) rage
rascarse to scratch oneself
receta (la) recipe
recoger to pick up
recompensa (la) reward
reconciliarse to make up, to get back together
recortar to trim
red social (la) social network
regañar to tell off
regla (la) rule
regresar to return
reírse a carcajadas to roar with laughter
resbaladizo/resbaladiza (m/f) slippery
resbalar to slip
respirar to breathe
respirar hondo to breathe deeply
reto (el) challenge
retorcer to twist
retrasarse to be delayed
retroceder to go back
reunión mensual (la) monthly meeting
reunirse to gather

rizo (el) curl
robar to steal
rodear to surround
romper una relación to break-up (a relationship)
rostro (el) face
rugido (el) roar
ruptura (la) break-up

S

sábana (la) bed sheet
sacar el tema to bring up the topic
salir con (alguien) to go out with someone
salir juntos/juntas to go out together
sangrar to bleed
sangriento/sangrienta (m/f) cruel, bloody
se me ocurre una cosa one thing comes to mind
secuestrar to kidnap
seguir adelante to carry on, to move ahead
sellar to seal
sentirse atraído/atraída (m/f) to feel attracted
ser capaz de to be able to
ser infiel to be unfaithful
ser justo/justa (m/f) to be fair
ser un buen partido to be a good match
ser uno/una mismo/misma to be oneself
si te vas a poner del lado de Juan if you're going to take Juan's side

el sobrenombre nickname
sobresaltar to shock
sobrevivir to survive
socios/socias de su negocio (los/las) his/her/their business partners
sonar to ring
soplete (el) blowtorch
sostener to hold
sudar to sweat
suficientemente enough
suministrar to supply
suspirar to sigh
susurrar to whisper

T

taburete (el) stool
talón (el) heel
tarjeta de crédito (la) credit card
tatuaje (el) tattoo
¡Te pillé! I caught you! I don´t believe you!
el tejado roof
temblar to tremble, shiver
temporada de gripe (la) flu season
tener buen aspecto to look good, to look well
tener muchas ganas de to really want
tener mucho valor to have a lot of value
tener prisa to be in a hurry
tener tanta suerte to be so lucky
terciopelo (el) velvet
tiempo parcial part-time

tienda de campaña (la) tent
tío/tía (el/la) guy/girl
tipo/tipa (el/la) guy/girl
tobera (la) nozzle
tobillo (el) ankle
tontear to flirt
traer to bring along
tragar(se) to swallow
trampa (la) trap
trapo (el) duster, cloth
trastero (el) storage room
tratar de (hacer algo) to try
to do something
trato (el) deal
tropezar to trip
truco mágico (el) magic trick
tupido/tupida (m/f) thick

U
umbral (el) threshold

V
vaquero (el) cowboy
vergüenza (la) shame
vestíbulo (el) lobby, entrance
vicio (el) vice, bad habit
viviente (m/f) alive
volverse loco/loca (m/f) **de
los nervios** to freak out, to
be extremely nervous and
stressed
volverse tonto/tonta (m/f)
to become stupid

Y
yegua (la) mare

Z
zumbido (el) buzz

Acknowledgements

If my strength is in the ideas, my weakness is in the execution. I owe a huge debt of gratitude to the many people who have helped me take these books past the finish line.

Firstly, I'm grateful to Aitor, Matt, Connie, Angela and Maria for their contributions to the books in their original incarnation. To Richard and Alex for their support in expanding the series into new languages.

Secondly, to the thousands of supporters of my website and podcast, *StoryLearning.com*, who have not only purchased books but who have also provided helpful feedback and inspired me to continue.

More recently, to Sarah, the Publishing Director for the *Teach Yourself* series, for her vision for this collaboration and unwavering positivity in bringing the project to fruition.

To Rebecca, almost certainly the best editor in the world, for bringing a staggering level of expertise and good humour to the project, and to Nicola, for her work in coordinating publication behind the scenes.

My eternal gratitude to the entire *StoryLearning* team, for helping us continue to grow in weird and wonderful ways, and reach so many language learners around the world. We're doing good work.

To my parents, for an education that equipped me for such an endeavour.

Lastly, to JJ and EJ. This is for you.

Olly Richards

Olly Richards

Notes

Use *Teach Yourself Foreign Language Graded Readers* in the Classroom

The *Teach Yourself Foreign Language Graded Readers* are great for self-study, but they can also be used in the classroom or with a tutor. If you're interested in using these stories with your students, please contact us at learningsolutions@teachyourself.com for discounted education sales and ideas for teaching with the stories.

Want to easily incorporate extensive reading into your curriculum?

Check out the *Short Stories Teacher's Guide* from readers.teachyourself.com to get ready-made lesson plans, adaptable worksheets, audio, and pre-, in- and post-reading activities.

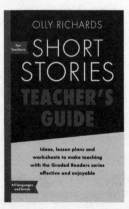

Bonus Story

As a special thank you for investing in this book, we would like to offer you a bonus story – completely free!

Go to readers.teachyourself.com/redeem and enter **bonus4u** to claim your free Bonus Story. You can then download the story onto the accompanying app.

MISTERIO EN EL CASTILLO DE DUNDRUM

Era el primer misterio de verdad que habían vivido en el pueblo. Mark estaba decidido a asegurarse de que El Noticiero de Dundrum *era el primer medio de comunicación en compartir la historia con el mundo…*